中华复兴之光
神奇建筑之美

帝王名臣祭庙

胡元斌 主编

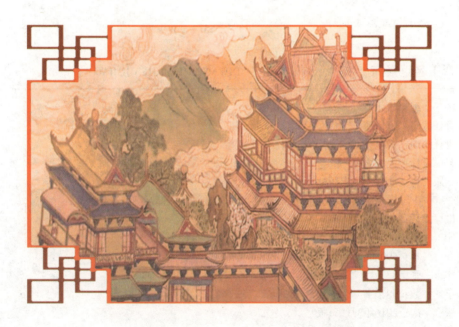

汕頭大學出版社

图书在版编目（CIP）数据

帝王名臣祭庙 / 胡元斌主编. -- 汕头 ：汕头大学
出版社，2016.3（2023.8重印）
（神奇建筑之美）
ISBN 978-7-5658-2457-9

Ⅰ. ①帝… Ⅱ. ①胡… Ⅲ. ①祠堂－介绍－中国②寺
庙－介绍－中国 Ⅳ. ①K928.75

中国版本图书馆CIP数据核字(2016)第044176号

帝王名臣祭庙　　　DIWANG MINGCHEN JIMIAO

主　　编：胡元斌
责任编辑：宋倩倩
责任技编：黄东生
封面设计：大华文苑
出版发行：汕头大学出版社
　　　　　广东省汕头市大学路243号汕头大学校园内　邮政编码：515063
电　　话：0754-82904613
印　　刷：三河市嵩川印刷有限公司
开　　本：690mm×960mm　1/16
印　　张：8
字　　数：98千字
版　　次：2016年3月第1版
印　　次：2023年8月第4次印刷
定　　价：39.80元
ISBN 978-7-5658-2457-9

前 言

　　党的十八大报告指出："把生态文明建设放在突出地位，融入经济建设、政治建设、文化建设、社会建设各方面和全过程，努力建设美丽中国，实现中华民族永续发展。"

　　可见，美丽中国，是环境之美、时代之美、生活之美、社会之美、百姓之美的总和。生态文明与美丽中国紧密相连，建设美丽中国，其核心就是要按照生态文明要求，通过生态、经济、政治、文化以及社会建设，实现生态良好、经济繁荣、政治和谐以及人民幸福。

　　悠久的中华文明历史，从来就蕴含着深刻的发展智慧，其中一个重要特征就是强调人与自然的和谐统一，就是把我们人类看作自然世界的和谐组成部分。在新的时期，我们提出尊重自然、顺应自然、保护自然，这是对中华文明的大力弘扬，我们要用勤劳智慧的双手建设美丽中国，实现我们民族永续发展的中国梦想。

　　因此，美丽中国不仅表现在江山如此多娇方面，更表现在丰富的大美文化内涵方面。中华大地孕育了中华文化，中华文化是中华大地之魂，二者完美地结合，铸就了真正的美丽中国。中华文化源远流长，滚滚黄河、滔滔长江，是最直接的源头。这两大文化浪涛经过千百年冲刷洗礼和不断交流、融合以及沉淀，最终形成了求同存异、兼收并蓄的最辉煌最灿烂的中华文明。

五千年来，薪火相传，一脉相承，伟大的中华文化是世界上唯一绵延不绝而从没中断的古老文化，并始终充满了生机与活力，其根本的原因在于具有强大的包容性和广博性，并充分展现了顽强的生命力和神奇的文化奇观。中华文化的力量，已经深深熔铸到我们的生命力、创造力和凝聚力中，是我们民族的基因。中华民族的精神，也已深深植根于绵延数千年的优秀文化传统之中，是我们的根和魂。

　　中国文化博大精深，是中华各族人民五千年来创造、传承下来的物质文明和精神文明的总和，其内容包罗万象，浩若星汉，具有很强文化纵深，蕴含丰富宝藏。传承和弘扬优秀民族文化传统，保护民族文化遗产，建设更加优秀的新的中华文化，这是建设美丽中国的根本。

　　总之，要建设美丽的中国，实现中华文化伟大复兴，首先要站在传统文化前沿，薪火相传，一脉相承，宏扬和发展五千年来优秀的、光明的、先进的、科学的、文明的和自豪的文化，融合古今中外一切文化精华，构建具有中国特色的现代民族文化，向世界和未来展示中华民族的文化力量、文化价值与文化风采，让美丽中国更加辉煌出彩。

　　为此，在有关部门和专家指导下，我们收集整理了大量古今资料和最新研究成果，特别编撰了本套大型丛书。主要包括万里锦绣河山、悠久文明历史、独特地域风采、深厚建筑古蕴、名胜古迹奇观、珍贵物宝天华、博大精深汉语、千秋辉煌美术、绝美歌舞戏剧、淳朴民风习俗等，充分显示了美丽中国的中华民族厚重文化底蕴和强大民族凝聚力，具有极强系统性、广博性和规模性。

　　本套丛书唯美展现，美不胜收，语言通俗，图文并茂，形象直观，古风古雅，具有很强可读性、欣赏性和知识性，能够让广大读者全面感受到美丽中国丰富内涵的方方面面，能够增强民族自尊心和文化自豪感，并能很好继承和弘扬中华文化，创造未来中国特色的先进民族文化，引领中华民族走向伟大复兴，实现建设美丽中国的伟大梦想。

目 录

君王庙

002　侍奉历代皇室先祖的太庙

015　祭祀帝王的历代帝王庙

武后庙

030　祭祀武则天的寺庙皇泽寺

046　武则天祖籍地的则天庙

包公祠

古都开封城内的包公祠　056

合肥大兴集的包公孝肃祠　064

全国各地建造的包公庙　077

岳王庙

086　最早的岳庙靖江岳王庙

093　寄托敬仰的杭州岳王庙

103　河南开封朱仙镇的岳王庙

109　岳飞家乡汤阴的岳王庙

116　赣西九岭山宜丰的岳王庙

君王庙

　　我国在很早的时候，就出现了专门供奉先祖的场所，夏代时称为"世室"，殷商时称为"重屋"，周代时称为"明堂"，从秦汉时起称为"太庙"。太庙最初只是供奉皇帝先祖的地方，后来，那些有功于江山社稷的皇后和功臣经皇帝批准后也被供奉在太庙里。到了明清时期，太庙的建筑形制和祭祀功能更加完善，体现了追崇和缅怀先人这一传统的历史传承。

　　明清时期，最为著名的供奉先祖的场所是北京的历代帝王庙，它不仅是我国古建筑宝库中的精品，更是吸引海内外华人祭奠炎黄、颂扬先贤、增强历史自豪感和民族凝聚力的重要文化场所。

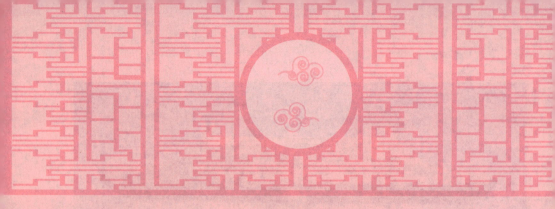

侍奉历代皇室先祖的太庙

在我国夏代的时候，人们将先祖供奉在固定的地方，后来逐渐成为皇帝的宗庙，当时称之为"世室"。到了殷商时期，这种古代的祭祀场所被称为"重屋"，周代时称为"明堂"，从秦汉时起称为"太

庙"，这一称谓就被一直沿用到后来。

最早的太庙只是供奉皇帝先祖的地方。后来，皇后和功臣的神位经皇帝批准也可以被供奉在太庙。还有有功于社稷的臣子和子民，去世后不仅以郡王之礼厚葬，经皇帝允许，他们还可以享用在太庙被祭祀的待遇。到了明清时期，太庙成为了皇帝祭奠祖先的家庙。

我国太庙建筑不仅历史悠久，而且建筑形制也不断变化。据文献记载，按周代的礼制，太庙位于宫门前东侧。夏商周时期的宗庙，是每庙一主，夏5庙，商7庙，周亦7庙。到了汉代，不仅京城立庙，各郡国同时立庙，于是其数达176所，这和后来天子宗庙仅太庙一处的制度是很不相同的。

据考古发现，除殷墟、二里头、周原有可能为宗庙的遗址外，较为明确的遗址，应为西安汉长安故城南郊的"王莽九庙"遗址。

"王莽九庙"遗址的宗庙建筑有11组，每组均为正方形地盘，四周有墙垣覆瓦，四面墙正中辟门，院内四隅有附属配房，院正中为一

夯土台，主体建筑仍采用高台与木结构结合的形式。每组边长自260米至314米不等，其规模相当大。

这种有纵横两个轴、四面完全对称的布局方法，大约是西汉末年祠庙的通例。并且可以见于明堂、辟雍、陵墓、早期佛寺和某些祭坛的平面形式等。

到了魏晋时期，这种每庙一主的形制，变为一庙多室、每室一主的形制。魏有4室，西晋为7室，东晋增至10室至14室，因为是把隔了几代的祖宗的神主迁入远祖之庙了。

至唐代时，定为一庙9室。明清时期亦沿袭一庙9室，并立有"祧庙之制"，也就是到了第九代就要被祧出去。

明清时期的北京太庙，位于北京市天安门广场东北侧，是皇帝举行祭祖典礼的地方，是紫禁城建筑群的重要组成部分。它始建于明永乐年间的1420年，是根据我国古代"敬天法祖"的传统礼制建造的。

北京太庙是世界上现存最大、最完整的祭祖建筑群。主要有宰牲亭、神厨、神库、井亭、燎炉、配殿等。最为重要的是大戟门和三重殿堂，即享殿、寝殿、祧庙，俗称大殿、二殿和三殿。

北京太庙整个建筑布局严谨，巍峨宏丽，庄严肃穆。建筑采用中轴对称式布局，琉璃门、汉白玉石拱桥、戟门、三大殿依次排列在中轴线上，井亭、神厨、神库配殿依次排列于两侧。整个太庙建筑群，基本为明嘉靖年间重建规模，是研究明代建筑群整体组合造型处理的良好典型。

殿宇均为黄琉璃瓦顶，建筑雄伟壮丽。前殿面阔11间，进深4间，重檐庑殿顶，周围有三重汉白玉须弥座式台基，四周围石护栏。其主要梁柱外包沉香木，其余木构件均为金丝楠木，天花板及柱皆贴赤金花，制作精细。太庙虽经清代改建，其规制和木石部分，大体保持原构，是北京最完整的明代建筑群之一。

北京太庙建筑群中最雄伟壮观的是享殿，又名前殿，是明清两代皇帝举行祭祖大典的场所。享殿是整个太庙的主体，为中国古代最高等级的黄琉璃瓦重檐庑殿顶，檐下悬挂满汉文"太庙"九龙贴金额匾，坐落在三层汉白玉须弥座上，面积达2060平方米。

享殿的梁、柱、枋、檩、鎏金斗拱等大小木构件，均为金丝楠木，60根楠木大柱，高12.58米，最大底径达1.17米，是我国现存规

模最大的金丝楠木宫殿，楠木大柱更是举世无双，建筑品质和文物价值只有明长陵的棱恩殿可与其相匹。

享殿内原供奉木制金漆的神座，帝座雕龙，后座雕凤。座前陈放有供品、香案和铜炉等。两侧的配殿设皇族和功臣的牌位。

清代皇帝祭祖，每年四季首月祭典称"时享"，岁末祭典称"祫祭"，凡婚丧、登极、亲政、册立、征战等国家大事之祭典称"告祭"。享殿内陈设金漆雕龙雕凤帝后神座及香案供品等。

清代时享殿内部陈设宝座，宝座数与中、后殿所供奉的牌位数一致，在举行祫祭等大型祭祀时，即将中、后殿神龛内的帝后牌位移至前殿，安置于宝座之上，至清亡，前殿有宝座36座，另有大小供桌、铜灯、铜祭器等物。祭前先将祖先牌位从寝殿、祧庙移来此殿神座安放，然后举行隆重的仪式。

　　整个享殿建筑雄伟庄严，富丽堂皇。按照当时的制度，不算临时性的祭祀，每年春夏秋冬和年底要大祭五次。每次举行大典时，仪仗整肃，钟鼓齐鸣，韶乐悠扬，佾舞蹁跹，是中华祭祖文化的集中体现。

　　太庙以古柏著名，树龄多达数百年。在西区苍翠的柏树中，有一株形状像奔驰回首的梅花鹿，被称为"鹿柏"。说起它的来历，还有一段神奇的传说。

　　太庙祭祖，需要牛、羊、猪、鹿作为祭品摆在贡桌上，叫作"牺牲"。这些动物，平时圈养在水草丰美的南苑，到了皇帝祭祖的前十几天，才从神厨门运到太庙里的"牺牲所"。先圈养清洗几天，然后在"宰牲亭"屠宰，送到神厨制成祭品。

　　话说清代乾隆时期有个老太监叫刘福，大家都叫他福爷。他和小太监李九儿一起负责喂养这些用来祭祀的动物。有一年秋天，离秋祭

日子不远了，李九儿在给刚选进来的牲口刷毛，发现一头母鹿特别肥，肚子圆滚滚的。他把肥鹿的事跟福爷一说，福爷也觉得蹊跷。

深夜，福爷带着李九儿来到鹿圈，发现"肥鹿"不肥了，干草地上多出了一只小鹿羔。福爷大惊：鹿下崽见血，乃是不祥之兆，不能让上面知道。否则，鹿圈养鹿的、送鹿的都要杀头，连他们俩也得吃瓜落儿，落个知情不报的罪名。

于是，福爷用低沉沙哑的声音对李九儿说："赶紧把地上清理干净，铺上新草，给母鹿擦干身子，把小鹿羔子挖坑埋了。"

李九儿一听就急了，反问福爷："这么好的小鹿养着不好吗，为什么活埋了？"

福爷叹了一口气，说道："傻小子，你哪儿知道宫里的规矩！"

李九儿苦苦哀求福爷，说要偷偷养着这头小鹿，反正平时没有人到太庙来，等养大了即使再做牺牲，也算活了一遭。

福爷见李九儿执意要留下这头小鹿，把心一横，说道："也罢！咱就留下它吧，也算行个善事，不过，一要喂好，二要藏好。"

得到福爷的同意，李九儿高兴得一蹦老高。爷儿俩连夜在草深僻静的地方用树枝给小

鹿搭了一个圈，偷偷地养起来。

李九儿新增添了小伙伴，还给小鹿起个名字叫"十儿"，因为自己是"九儿"，小鹿是"十儿"，就如同是自己的小弟弟一样。

光阴似箭，日月穿梭，眼看过了一年，"十儿"长成了一头健壮的梅花鹿。

转眼到了年底大祭，乾隆皇帝来到太庙，正在行大礼时，鼓乐大奏。这不仅惊起了柏树上的小鸟，"十儿"也受到惊吓，在太庙狂奔起来。

御林军马上进行驱赶，"十儿"跑出琉璃庙门，往西再向北，进入一片柏树丛中，惊魂未定地站在那儿往回张望。

正在此时，一名御林军迂回到它后面西北方向，搭弓射箭。只听"嗖"地一声，利箭从鹿的左后身斜着射入。

就在这时，突然传来一声巨响，闪出一片金光，照得众人睁不开眼睛。待到再睁开眼睛时，只见"十儿"已化作一棵柏树，身上还插着那只铁箭。

乾隆皇帝闻听此事，将信将疑，在御林军首领的带领下，来到鹿化作柏树的地方。他发现鹿化的柏树上落满仙鹤，有的仙鹤悠闲漫步，有的引颈长啼，有的振翅欲飞，有的以嘴梳毛。

乾隆皇帝想了想，说道："此乃天意，鹿化为柏，柏上栖鹤，这是鹿鹤同春的吉兆，想必明年定是好年景啊。"于是亲自赐名"鹿柏"，向鹿柏作揖，拜了三拜，并命看庙太监仔细养护。

在远处早已吓得战战兢兢的福爷和随时准备以命相拼保护"十儿"的李九儿，也因此躲过了一劫。

这棵鹿柏经风沐雨，迎寒斗暑，依然苍翠茂盛地屹立在太庙西侧。只不过身上的铁箭早已朽烂了，仅留下了一个疤痕。

太庙享殿的东配殿是供奉有功亲王牌位的地方，始建于明代，黄琉璃瓦单檐歇山顶，面阔15间，殿前出廊，廊柱上端卷收，并向内倾斜，屋檐起翘平缓，是典型的明代官式建况。

东配殿内供奉配享的满蒙有功亲王的牌位。清代供奉13人，如代善、多尔衮、多铎、允祥、奕䜣等。每间设一龛，内置木制红漆金字满汉文牌位。

太庙享殿的西配殿是供奉有功大臣牌位的地方，始建于明代，黄琉璃瓦单檐歇山顶，面阔15间。殿前出廊、廊柱上端卷收，并向内倾余，屋檐起翘平缓，是典型的明代官式建筑。

西配殿内供奉配享的满蒙汉文武功臣的牌位，清代供奉13人，如鄂尔泰、张廷玉、傅恒、僧格林沁等，内部设置同太庙享殿东配殿一样。

太庙中殿在清代时期，内部分有17个小隔间，每间供奉一代帝

后，即所谓"同堂异室"，隔间内设置有神龛，龛内供奉帝后牌位，左边陈设有帝后的玉册，右边陈设有帝后的玉宝。在隔间外置有宝座，数目与龛内牌位数一致。至清亡时，中殿内尚有6个隔间尚未使用。

太庙后殿在清代时期，内部分有隔间，共有9间，正中一间与其左右各两间内供奉清代四朝先祖帝后牌位与玉册、玉宝等物，隔间外亦设宝座，数目与牌位数一致。

祧殿是放置牌位的地方，始建于1491年，黄琉璃瓦单檐庑殿顶。面阔九间，长61.99米，进深四间，宽20.33米，殿内陈设和寝殿的陈设一样。清代正中供奉肇祖、左兴祖，再左显祖、右景祖。

每季首月"明享"，皇帝委托官员在本殿祭祀，岁来将先祖牌位移至享殿。此殿自成院落，四周围以红墙。东南隅原有铁燎炉一座，为焚烧祝帛之用。

北京太庙由高达9米的厚墙垣包绕，封闭性很强。南墙正中辟券门三道，用琉璃镶贴，下为白石须弥座；凸出墙面，线脚丰富，色彩鲜明，与平直单一的长墙强烈对比，十分突出。这一入口处理是相当成功的，入门有小河，建小桥5座，再北为太庙戟门。

戟门建于明永乐年间的1420年。黄琉璃瓦单檐庑殿顶，屋顶起翘平缓，戟门的檐下斗拱用材硕大，汉白玉绕栏须弥座，中饰丹陛，两侧各有一旁门。

戟门是太庙始建后唯一没有经过改动的重要遗物，是明初官式建筑的重要代表。门外车间原有木制小金殿一座，为皇帝临祭前更衣盥洗之处。按最高等级的仪门礼制，门内外原有朱漆戟架八座，共插银镦红杆金龙戟120支。

戟门桥始建于明代，乾隆年间引故宫御河水于此，并对原桥进行

改建，形如玉带，故又称"玉带桥"。桥宽8米，为七座单孔石桥，两侧有汉白玉护栏，龙凤望柱交替排列。中间一座为皇帝走的御路桥，两边为王公桥，次为品官桥，边桥两座供常人行走。

西北门始建于明代，清代改建。据说清代雍正皇帝为确保安全，到太庙祭祖的时候不走太庙街门，而从此门进入，于是加筑琉璃随堵门，形成内外两门，并且建筑高墙，以防刺客。

乾隆皇帝60岁以后，为减少劳累，改由此门乘辇而入，故又称"花甲门"。原门及墙已不存在。留存下来的为黄琉璃瓦单檐庑殿顶，是后代人们改建的。

北京太庙整个建筑群虽历经修葺，大部分仍保持了明代的建筑法式，是现存最为完整的明代建筑群，其历史和艺术价值极为珍贵，是研究明代建筑群整体组合造型处理的良好典型。

知识点滴

1850年2月25日，是农历的正月十四，元宵节的喜庆气氛已经渐渐开始弥散了。此时的紫禁城笼罩在一片哀伤阴霾的气氛里，因为大清国的最高执政者道光皇帝已撒手人寰。在弥留之际，道光皇帝却留下了一道朱谕，那就是百年之后灵位不进太庙，不立神功圣德碑。举国欢庆的元宵节变成国丧日，道光皇帝的这一遗嘱，堪称惊世骇俗。

道光皇帝的遗诏说不准把自己移入太庙，是因为他感到自己没有守住大清江山，无颜面对列祖列宗。但道光皇帝的儿子咸丰帝很为难，不入太庙，就没有办法进行祭祀，更没有先例。所以最终还是将自己的父亲道光皇帝的牌位放入了太庙。

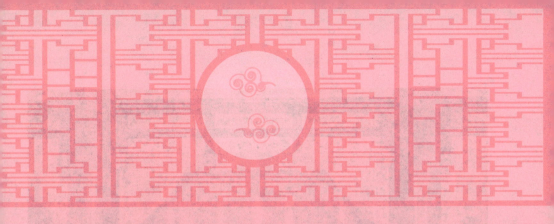

祭祀帝王的历代帝王庙

　　"三皇五帝"是中华民族的人文始祖，历来为人们所景仰，并由此形成了祭祀祖先的传统。而明代建立的历代帝王庙，就是祭祀祖先和帝王的场所，体现了华夏文明对历代先贤的尊崇与缅怀。

考察我国历史，帝王庙之设，远早于明，但帝王庙冠以"历代"二字，则是明太祖朱元璋于明初在南京首创的。

朱元璋建立了明王朝后，以文化祭祀为切入点，在南京创建历代帝王庙，于1374年8月落成，朱元璋亲临致祭。在当时，这里集中入祀"三皇五帝"和夏禹王、商汤王、周武王、汉高祖刘邦、汉光武帝刘秀、唐太宗李世民、宋太祖赵匡胤和元世祖忽必烈。既体现了汉民族大一统王朝开国帝王的主体地位，也认可元王朝为中华正统，让忽必烈同享崇祀，对缓解汉蒙矛盾，起到了至关重要的作用。

朱元璋创建历代帝王庙，意义非同小可。他第一次用庙宇祭祀的形式，彰显了中华一统帝系的历史传承，也体现了对元王朝的民族包容。

明成祖朱棣迁都北京后，南京历代帝王庙一直由太常寺负责祭祀。后来继位的明世宗朱厚熜，对礼制研究很是痴迷，厘定了不少祭典制度，改建或新建了一批皇家坛庙，新建北京历代帝王庙，就是其中之一。

明世宗认为，历代帝王庙远在南京，不便前往亲祭，而在北京祭祀历代帝王，只附属于南郊之祀，也很不正规。于是决定在北京新建历代帝王庙。1532年夏，历代帝王庙在阜成门内大街建成，当年八月，明世宗亲临北京历代帝王庙致祭。

北京历代帝王庙是明清两代皇帝祭祀先祖的地方。其政治地位与北京的太庙、孔庙相齐，合称为明清北京三大皇家庙宇。从明嘉靖时期至清末的近400年间，在历代帝王庙共举行过662次祭祀大典。

朱元璋时确定祭祀的帝王是18位，清王朝顺治皇帝定都北京后定为25位。清代康熙、雍正、乾隆三朝皇帝对历代帝王庙都非常重视。康熙帝曾下谕旨：除了执政无道之君和亡国之君外，历史上所有曾经在位的皇帝，均在帝王庙中为其立牌位。乾隆帝更是提出了"中华统

绪，绝不断线"的观点，把庙中没有涉及的朝代，也选出皇帝入祀。

北京历代帝王庙占地1.8万平方米，古建筑面积6000平方米。建筑规模庞大，整体布局气势恢宏，显示了皇家庙宇的尊贵和气派，是我国古建筑中举世无双之精品。它自建成之后基本没有大变，只是清代在景德殿两侧增建了四座碑亭和景德门外西院诸殿。

历代帝王庙由南至北依次为：影壁、景德街牌楼、石桥、下马碑、庙门、景德门、景德崇圣大殿和祭器库。大殿两侧有东、西配殿，还有四座御碑亭和二座燎炉。东南侧有钟楼、神厨、神库、宰牲亭、井亭。西南侧有乐舞执事房、典守房、斋宿房。此外，还有单独成体的有"庙中庙"之称的关帝庙。

历代帝王庙的影壁是明嘉靖年间的1530年始建的原构，至今已有480多年的悠久历史了。它位于历代帝王庙整座建筑群的中轴线的最南端，其规模和形制均与这座皇家庙宇相一致。

我国古建中的影壁通常分为"一"字形和"八"字形。历代帝王庙影壁系绿琉璃筒瓦硬山调大脊，长32.4米，高5.6米。南北厚1.35米，呈"一"字形。影壁的基座为砖砌的须弥座，壁身是砌成长方体的立墙，通体朱红色。它的四棱都由绿琉璃筒瓦包嵌，南北两个壁面为"中心四岔"。

所谓"中心四岔"，是指壁身的中心位置和四角位置，都有琉璃雕花纹饰。中心为团花，图案是缠枝牡丹，四个岔角也是缠枝牡丹纹饰。

景德门牌楼各设于景德门前东西两侧，是随着历代帝王庙的兴建而营造起来的，形制基本一致。这两座牌楼为三间四柱七楼，两侧有戗柱相对支撑，造型古朴端庄，制作华美。它们与北面的帝王庙建筑群和南面的影壁，形成一个建筑群体，体现出皇家礼制建筑规制的整体风貌。

在历代帝王庙大门两侧的"八"字墙前，各立有一块高大的下马碑。这两座下马碑，高大、肃穆却又低调。下马碑是昔日皇家设立的谕令碑，是一种显示封建等级礼仪的标志。

历代帝王庙前的这两块下马碑，立于清代。每块碑均用满、汉、蒙、回、藏、托忒6种文字镌刻"官员人等至此下马"，以示历代帝王庙的威严与尊贵。东侧下马碑阳面为满、汉、蒙文，阴面为托忒、回、藏文；西侧下马碑阳面为托忒、回、藏文，阴面为满、汉、蒙文，以示民族平等。碑座是长方形，没有龟趺，民间流传"有碑没有驮"指的就是这座下马碑。

根据清代乾隆时期的《礼部则例》等书记载，"下马牌"原

本是木牌，清乾隆时期才换成了石碑。木牌原立于桥南朱栅外，改成石碑后立在了三座旱石桥的两侧，旱桥拆除后，下马碑移至门廊前。

下马碑的功能，就如碑上所镌刻的文字"官员人等至此下马"一样，它告知所有官员民众，来到历代帝王庙门前必须下马步行，以表示对历代帝王和先贤功臣的尊崇。

说起下马碑，有一则民间故事。相传在几百年前，人们喜欢在历代帝王庙门前纳凉。有一天多了一位陌生人，他在庙门前练武打拳，跟谁也不搭理。周围的人起先有些好奇，日复一日，也就见怪不怪了。

有一天晚上，历代帝王庙附近的百姓在睡梦中被一声巨响惊醒了。天亮后，他们发现庙门前的下马碑上有个五指大掌印，掌印中间好似有个珠子大的凹痕。到底发生了什么事？谁也弄不清。后来，这里来了一位云游四方的老和尚，他说碑上留下的不是掌印，而是龙爪印，在那个凹痕里原来藏有"二龙戏珠"的夜明珠，被那个练武的人偷走了。

庙门与影壁隔街相望，黑琉璃筒瓦绿剪边歇山顶调大脊，面阔三间，通宽15.6米，通进深9.5米，平身科为单昂三踩斗拱，两边有"八"字墙，下有汉白玉石台阶，中有御路，雕云山纹。在庙大门两

侧各有一间旁门，为黑琉璃筒瓦绿剪边歇山顶调大脊。门前原有小石桥三座，象征帝王之居。

景德崇圣门位于庙门正北，黑琉璃筒瓦绿剪边歇山顶调大脊，面阔5间，通宽26.6米，通进深14.8米，平身科为单昂三踩斗拱，旋子彩画，四周绕有汉白玉石护栏，前后均三出陛，中为御路，两侧有垂带踏步。在景德崇圣门两侧各有侧门一间，黑琉璃筒瓦绿剪边歇山顶调大脊。

景德崇圣殿始建于明嘉靖年间的1530年，是历代帝王庙的主体建筑，寓意为"景仰德政，崇尚圣贤"。景德崇圣殿坐北朝南，面阔九间，51米，进深五间，27米，象征天子的"九五之尊"。和故宫的太和殿是一个级别。

景德崇圣殿为重檐庑殿顶，金丝楠木柱，地面墁金砖。清雍正、乾隆时期曾大修，更换成黄琉璃瓦顶，重绘金龙彩画。殿内悬有清乾隆帝的御联和匾，匾上有"报功观德"四个字，对历代帝王的奉祀活动就在景德崇圣殿内举行。大殿内奉祀历代帝王，只在中心位置设立牌位，不立塑像。

景德崇圣殿铺设的是专门为皇家烧制的地砖，也就是俗称的"金砖"。金砖给人光润如玉、踩上去不滑不涩的感觉，其颗粒细腻、质地密实。这次修缮用的"金砖"是在当年苏州的"御窑"定制的，其选料、烧制、加工均有严格的工序，铺设前还要经过桐油浸泡、表面打磨等处理。

清乾隆年间的1784年，景德崇圣殿供奉的入祀帝王增至了188位，共分7龛供奉，位居正中一龛的是伏羲、黄帝、炎帝的牌位，左右分列的6龛中，供奉了传说时代的"五帝"、夏、商、周、汉、唐、五代十国、宋、元、明等历朝历代的185位帝王牌位。

景德崇圣殿东西两侧的配殿中，还祭祀着伯夷、姜尚、萧何、诸葛亮、房玄龄、范仲淹、岳飞、文天祥等79位历代贤相名将的牌位。这些历史名人中没有秦始皇、杨坚和李渊，是有一定的历史原因的。

秦始皇作为我国历史上第一个大一统王朝的皇帝，却未能入祀北

京历代帝王庙，有一种说法是因为秦始皇的"焚书坑儒"。由于秦代以后的帝王大都尊崇儒家，从儒家思想的观点看，秦始皇被看作无道暴君，他虽然创造了一统中华等伟业，但是在过去的史书和人们的心目中，更强调的是他"焚书坑儒"等对儒家的打击，所以没有将其列入景德崇圣殿供奉的帝王之中。

杨坚是隋王朝开国皇帝，是西魏大将军杨忠之子。杨忠跟随西魏权臣宇文泰起义关西，宇文泰奠基北周政权，是为北周文帝。至北周宣帝宇文赟去世后，其长子宇文阐即位，是为北周静帝。当时宇文阐8岁，杨坚入宫辅政，任宰相，总揽军政大权。

后来，杨坚取代后周自称为帝，国号隋，随即灭南朝陈而统一了全国。杨坚史称隋文帝，他一度因隋之创建者而享祀，但终因其篡权夺位而被撤出。

唐高祖李渊是唐王朝开国皇帝，理应入历代帝王庙享祀。但因他原是隋王朝重臣，其开国之功远不及他的儿子唐太宗李世民而被撤祀。历代帝王庙中的单体建筑关帝庙于清代增建，硬山顶，面阔三间，进深一间，带前廊，用于专门祭祀关羽。关羽之所以被祭祀于"帝王"庙宇之中，与关羽的官民信仰有关。

有人认为，关羽历来被官民共同奉为保护神，在历代帝王庙建筑群里，单独建关帝庙，是想借助其忠义仁勇的"关帝"来镇恶辟邪，起到护卫的功能。

还有些人推测说，关羽曾被众多皇帝尊崇为"武圣"。倘若按功臣名将的身份，把关羽供奉在东西配殿中显得待遇有点低了；倘若真要按帝王身份供奉在景德崇圣殿里，与历代帝王共聚一室又嫌不够资格，因此，只好为他单独建庙，供人祭祀。

也有人分析说，入祀的帝王按规制都必须生前在位的，但关羽生前未当过一天帝王，而那些享祀的功臣名将，又无一人去世后封王称帝的。唯独关羽一人屡屡被封为"关帝"，所以，在尊崇关羽最盛的明清两代，一座相对独立的关帝庙出现在西跨院里，并同时建起配套的祭器库。

在历代帝王庙建筑中，景德崇圣殿、景德门、东西配殿的主要构件都是明代遗留下来的，而壁画、琉璃瓦等多是清代乾隆时期的。北京的故宫、颐和园、天坛、孔庙等建筑虽然都是始建于明代，但留存

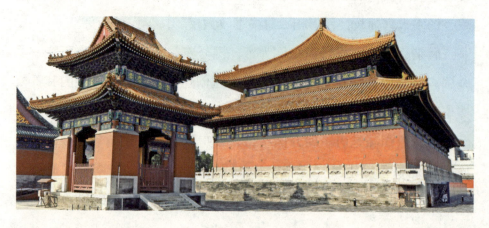

的明代构件不多，像历代帝王庙这样保留了大量明代原构件的极为少见。

配殿位于景德崇圣门的北面，景德崇圣殿东西两侧，各七间，分别为西、东向，黑琉璃筒瓦绿剪边歇山顶调大脊，通宽33.4米，通进深14.6米，平身科为单昂三踩斗拱，旋子彩画，内顶为井口天花，下方砖铺地。

东西配殿为从祀历代功臣的场所，其中的鼎炉、燎炉、殿后祭器库五间，皆不存。

环绕景德崇圣殿共有四座碑亭，月台两侧各有碑亭一座，黄琉璃筒瓦重檐歇山顶调大脊，方形，每面面阔三间，上檐平身科为重昂五踩斗拱，下檐平身科为单昂五踩斗拱，和玺彩画。

殿两山两侧亦各有碑亭一座，黄琉璃筒瓦重檐歇山顶调大脊，方形，每面面阔三间，各宽10米，上檐平身科为重昂七踩斗拱，下檐平身科为重昂五踩斗拱，均和玺彩画。

在这四座碑亭中，正西一座建于1733年，内为无字碑；东南一座也建于1733年，碑体阳面为雍正御制碑文，阴面为乾隆御制碑文；西南一座建于1764年，阳面和阴面均为乾隆御制碑文；正东一座建于1785年，阳面为乾隆御制满汉合文碑文，阴面无字。

钟楼在东侧门之北，黑琉璃筒瓦绿剪边歇山顶，重楼重檐调大脊，方形，每边面阔三间，上檐平身科为单昂三踩斗拱，旋子彩画，下檐平身科为一斗二升交麻叶头斗拱，旋子彩画。

其实，历代帝王庙的彩画艺术是首屈一指的。历代帝王庙的彩画经历了三个阶段，第一个阶段是明嘉靖始建时期，第二个阶段是清雍正大修时期，第三个阶段是清乾隆修缮时期。其中最有价值的是明代始建时期的彩画，在留存下来的建筑上还有遗存，可惜常人不易见到了。

在景德崇圣殿天花板上边，有3幅彩画，从纹饰到工艺，是非常有价值的明代彩画。景德门正面西侧的天花彩画非常漂亮，纹样是金莲水草，3朵莲花分别代表天皇、地皇、人皇，颜色鲜艳，用的都是天然矿石质颜料。

在景德门的脊部也留有1幅明嘉靖始建时期的彩画，也在天花板上面。它的纹饰与正殿不一样，做工没有大殿精细。

此外，东跨院的神库神厨，也留有始建时期的彩画痕迹。在宰牲亭的南侧和西侧有一两件。后人把清代彩画做在老地仗上了，所以留下一些痕迹来。景德崇圣殿天花面除3幅彩画，其他都是白木头茬，

这可以说明它是明嘉靖时期的原活儿，后来几次修缮脊部都没动。

北京历代帝王庙并不是宗教场所，它供奉祭祀的对象，既不是神也不是佛，而是祭祀我国历代的帝王。这样一来，同一个"庙"字，有的属宗教类建筑，有的则是祭祀用的建筑。

北京历代帝王庙是全国唯一集中祭奠"三皇五帝"、历代帝王和功臣名将等中华先贤于一庙的神圣殿堂。有祭祀就离不开礼乐，何谓礼乐呢？礼和乐都是对天地万物、自然规律的仿效或体现。

礼是取法天地的高下有别、四时的轮换有序、六气的相互生发、万物生养的各有所宜的原则而制定的。乐则是对自然界合规律又合目的的构成和运动变化的规律及形态的模拟与感觉。

礼、乐的产生都是为了适应社会的需要。礼，主要用于"辨异"，以区分个体成员的贵贱等级，使其明确各自的地位、职责和义务。乐，主要用于"求和"，调节人的内在情感，和谐不同成员之间的人际关系，使之相亲相爱。

礼和乐都必须合"度"，若"过"便会引起混乱。礼和乐似孪生兄妹，形影不离。在礼乐文化体系中，礼居于主导地位，支配着乐；乐处于从属地位，服务于礼。

在历代帝王庙的祭祀活动中，不同的礼仪演奏不同的乐舞，不得混用，而且不同等级身份的人，只能享用不同规格的乐。从天子、诸侯、大夫到士，所用乐舞都有严格限制。乐队规模的大小，舞队人数的多少，演奏的乐章，歌唱的诗篇，甚至演出程序，都根据不同的用乐场合，用乐者的不同身份，不得僭越。

总之，北京历代帝王庙不仅是我国古建筑宝库中的精品，也以其完善的礼乐制度承载着中华民族数千年来的祭祀祖先的传统，是我国统一多民族国家发展进程一脉相承、连绵不断的历史见证。

知识点滴

在我国历史上，帝王庙冠以"历代"二字，是明太祖朱元璋在明王朝初年创建的。朱元璋以文化祭祀为切入点，在南京创建历代帝王庙，集中入祀"三皇五帝"和夏禹王、商汤王、周武王、汉高祖刘邦、汉光武帝刘秀、唐太宗李世民、宋太祖赵匡胤和元世祖忽必烈，既体现了华夏、汉民族大一统王朝开国帝王的主体地位，也认可元王朝为中华正统。明王朝迁都北京后，对历代帝王的祭祀或在南京进行，或在北京郊区和故宫文华殿进行，明嘉靖皇帝朱厚熜于1530年兴建了北京历代帝王庙，祭祀人物沿袭南京旧制。

朱元璋用庙宇祭祀的形式，彰显中华一统帝系的历史传承，体现了对蒙元王朝的民族包容。

武后庙

武则天是我国历史上唯一的正统的女皇帝，也是即位年龄最大、寿命最长的皇帝之一。武则天在主政期间，善于治国，重视延揽人才，首创科举考试的"殿试"制度，出现了政策稳定、百姓富裕的局面，故有"贞观遗风"的美誉，亦为其孙唐玄宗李隆基的"开元之治"打下了长治久安的基础。

因为武则天对历史做出过巨大贡献，所以人们对她立祠进行祭祀，尤其是在山西文水的武则天故里和四川广元的皇泽寺，两地的祭祀活动和建筑风格别具一格。

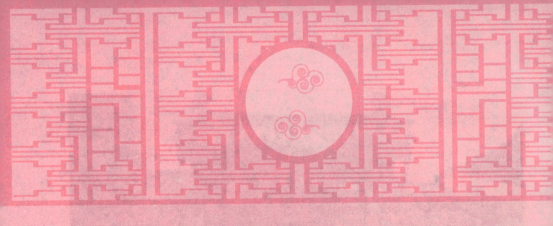

祭祀武则天的寺庙皇泽寺

在唐代初年，四川利州即现在的广元有一个从事木材买卖的商人叫武士彟，公元624年正月二十三这一天，武家诞生了一个女婴，她就是后来被称为我国历史上唯一的正统的女皇帝武则天。武家家境殷实、富有，武则天在广元度过了她的童年和少年时期。

隋炀帝大业末年，唐高祖李渊任职河东和太原之时，曾多次在武家留住，因而结识武士彟。李渊在太原起兵后，武士彟曾资助过钱粮衣物，故唐王朝建立以后，武士彟曾以"元从功臣"历官工部尚书、

扬州都督府长史、利州、荆州都督等职，封应国公。

　　武则天12岁那年，父亲武士彟去世了，她和母亲受到族兄的虐待。到了武则天年14岁时，唐太宗李世民听说她仪容举止美，召她入宫，封为才人。唐太宗最初非常宠爱她，赐名"武媚娘"，但不久便将她冷落一边。

　　649年，唐高宗李治即位，此后，武则天由才人升为昭仪，再升为皇后。唐显庆末年，唐高宗患风眩头重，目不能视，难于操持政务，皇后武则天得以逐渐掌握朝政，朝廷内外称他们为"二圣"。从此，武则天成为掌握唐王朝实权的人，唐高宗则处于大权旁落的地位。

　　690年，武则天正式登上皇帝宝座，成为我国历史上唯一的女皇帝，她改国号为周。那一年，武则天已是67岁的老人。705年，唐中宗李显继位，武则天还周于唐。当年11月26日，武则天去世，临终前留

下遗诏：去帝号，称则天大圣皇后。

　　在我国的历史上，通过幕后操控或者垂帘听政等手段主持国家大权的女人不在少数，但她们当中，真正敢于堂堂正正从幕后走到台前、高坐皇位君临天下的，唯有武则天一人。

　　有人说，传说武则天逝后变成了神仙，民间遂给她建庙命名"皇泽"，是祈望她的"在天之灵"能泽被乡梓，因此在广元建立寺庙供奉她的真容像。

　　武则天逝后成神当然只是民间的一种说法而已，事实上，皇泽寺创建于北魏晚期，原名乌奴寺，也叫川主庙，相传是为了纪念李冰与二郎神的，历经北周、隋代、唐初的不断发展，渐成规模。武则天建立武周政权以后，施脂粉钱修建当时已具规模的川主庙，并取"皇恩浩荡，泽及故里"之意，改川主庙为皇泽寺。

　　据明代陈鸿恩所撰《皇泽寺书事碑》载："皇泽寺相传为武后

创。"清代张邦伸《云栈记程》中也说："武后秉政，建皇泽寺于此。"

后来，后蜀时的当地知府于959年对该寺进行了改扩建，形成唐则天皇后武氏新庙。当时的皇泽寺，临江是则天门、天后梳洗楼、乐楼即戏楼，还有弥勒佛殿、铁观音殿等建筑。此后，皇泽寺屡有毁建，保存下来的建筑基本上为清代建筑。

皇泽寺的主体建筑有大门、二圣殿、则天殿、大佛楼、吕祖阁、五佛亭等，寺依悬崖，下瞰江流，雕梁画栋，错落有致，气势不凡，颇有巴山蜀水之秀丽巍峨。

跨进皇泽寺的大门，首先看到的是二圣殿，大殿正中，供奉着二圣，也就是唐高宗和武则天。殿内左右两侧，塑有唐高宗、武周朝时期的九位著名大臣，分别是李勣、李义府、魏元忠、李昭德、狄仁杰、娄师德、张柬之、来俊臣和上官婉儿。

二圣殿后，是则天殿，该殿始建于唐代，历史上曾称"武后真容殿"、"则天圣后殿"。与一般"民办"的寺庙不同，皇泽寺这座由女皇御敕建造的"官办"寺庙内没有"大雄宝殿"，因此，则天殿就是皇泽寺的主殿。两旁对联为《华严经·序》摘句，对联写道：

金仙降旨大云之偈先彰；
玉宸披襟实雨之文后及。

则天殿的殿内，有武氏家系图。据史载，武则天的父亲武士彟是太原文水人，因曾相助于李渊，是唐王朝开国元勋之一，一直深受唐高祖信任并因此成为唐高祖时期的朝廷重臣。

则天殿正中，立有一尊国内唯一的武后真容石刻像。宋人《九域志》记载：武则天当皇帝后，"赐寺刻其真容"。

武后真容石刻像高1.8米，由整块砂岩雕成。其形象方额广颈，神态安详，头戴佛门宝冠，身着僧尼衣袍，肩披素帛，项饰珞圈，双手相叠于膝，作法界禅定印。据说，这是武则天晚年之像，虽俨然佛家装束，却颇具人神兼备之气。

武后真容像在后世曾遭劫难，被人从香案前推倒地下，将头身分离。之后人们将其复原时，发现石像颈部比原造像短了1.5厘米。加之衣饰彩绘褪色，更显老态龙钟了。所幸后人用金箔800克为这尊则天真容像换上了金衣，愈见流光溢彩。

殿内有一尊武则天的石刻画像碑，碑上刻着女皇头戴冕旒，身着王服，云环雾鬓，舞带霓裳，是后世之人临摹明代陈鸿恩所著《无双传》中之"金轮遗像"所刻，是武则天为"王"时的神态。有一首古诗对其赞美道：

绝代佳人绝世雄，衣冠万国冕旒崇；
须眉有幸朝宸下，宰辅多才到阁中。
六尺遗孤兴浩劫，千秋高视仰丰功；
残山剩水留纤影，依旧倾城醉雁鸿。

则天殿还陈列有一块《升仙太子碑》。其中的《升仙太子碑》是武则天于699年农历二月初四，由洛阳赴嵩山封禅返回时，留宿于偃师

县缑山升仙太子庙，一时触景生情而撰写并亲为书丹的。

《升仙太子碑》的碑文表面记述周灵王太子晋升仙故事，实则歌颂武周盛世。笔法婉约流畅，意态纵横。碑额"升仙太子之碑"六个字，以"飞白体"书就，笔画中丝丝露白。碑文33行，每行66字，行书和草书相间，接近章草书体。

碑文上下款和碑阴的《游仙篇》杂言诗、题名等，分别出自唐代著名书法家薛稷、钟绍京之手。历代书法爱好者都视《升仙太子碑》为书法艺术珍品。

皇泽寺大门北侧，有凤阁、钟楼，南侧则有写《心经》洞、武氏家庙和鼓楼。据说，武士彟出任利州都督后，为官清廉，政绩卓越，颇得百姓爱戴，故特建庙纪念他。

武氏家庙内，塑有武则天全家像，正中是武士彟及后妻杨夫人，武士彟的原配是相里氏，相里氏去世后，唐高祖亲自做媒，为其娶继室，也就是隋朝王室宰相杨达之女杨氏，后封为荣国夫人。

右侧是武士彟与原配相里氏所生的两个儿子：武元庆和武元爽。左侧是武士彟与杨夫人所生的三个女儿：长女名顺，字明则，嫁越王府法曹贺兰越石，生贺兰敏之及一女而寡，后封韩国夫人，出入禁中，得幸于唐高宗，去世后又追封郑国夫人。次女即武则天。季女史书没有记录名字，嫁郭孝慎，早卒不显。

武氏家庙东南是鼓楼，东北是写《心经》洞。唐代宗初年，书法家颜真卿为利州刺史，曾写《心经》1卷，刻于此处，因此俗称写《心经》洞。

写《心经》洞洞区有造像，分布于巨石三面，共计19龛，东面主要雕刻经幢和"六道轮回"的内容；西面造像常年埋于土中，后来在修葺的过程中被发现，主要内容为三世佛及释迦、多宝佛的题材。

南面的两个洞窟为武则天的父母武士彟、杨氏开凿，时间为628年，因此，这两个窟可能是为武则天的出生祈福所开，窟内现存有武氏夫妇礼佛图一组，弥足珍贵。

大佛楼又叫大佛石窟，原本无楼，是则天殿侧依山摩崖造像石窟。该楼初建于清代道光年间，后因年久失修已坍塌，后又重新建造，悬"大佛楼"三个字匾额于楼上，于是便习惯上称为"大佛楼"了。

大佛窟高7米，宽6米，深3.6米，开凿于唐代中期。主佛阿弥陀佛，立于莲台之上，左手曲举胸前，右手施无畏印，体态雄健魁伟，表情庄严肃穆。

主佛左右侍立迦叶、阿傩二弟子。迦叶袒右肩，左手执香炉，右手握拳下垂；阿傩左手捻串珠，右手上举，拇指中指相并。外侧观音、大势至二位菩萨，也都刻得眉目清秀，端庄慈祥。左右护法、金刚、力士等造像，惜风雨剥蚀，已面目难辨，但所见一肢一臂，仍旧雄姿英发，形态不凡。

这座石窟内刻有一尊供养人像，在天下的"佛界"中再也找不出相同的面孔。他身着官服，头戴唐制双翅官帽，双手合掌跪于佛前虔诚祷告，在大佛足下，显得卑微而又渺小。据当代国画大师张大千考证认为，此"供养人"应为被废后的唐中宗李显，因希求复帝，以取悦母后武则天，正为其母祈祷之。

另一说法为章怀太子李贤。因李贤曾令史学家范晔诠译《后汉书》，有影射皇权旁落之嫌而得罪于武则天，被废为庶人；后李贤奉令监造"皇泽寺"时，令石工将自己的像雕于大佛脚下以示忏悔请罪。

　　中心柱窟位于则天殿之上，大佛楼左侧的中心柱窟，为皇泽寺造像年代最早的一处，也是四川地区唯一的中心柱窟。

　　中心柱窟又名塔庙窟、支提窟，深2.76米，宽2.6米，窟约13立方米，窟室方形平面，平顶略弧，窟中央立方柱，由窟底直通窟顶，三壁各开一大龛两小龛。

　　中心柱是一根完整的石柱，又是一座造型精美的经塔，由塔基、身、顶三部分组成。第一、第二层四面各凿一龛，龛中凿一佛二菩萨三尊像。这些佛龛造像，刻法古朴，坐佛褒衣从正面敞开，下缘垂于台座下；左右侍立菩萨，发作双髻，长裙曳地，阔幅天衣于胸前作"V"形交叉于双肩成双角若翼。

　　三面石壁上的三个大龛内，造一佛二弟子二菩萨，佛像均身躯颀长，菩萨则面颐丰润，通身无璎珞，造像坚挺有力，富于体积感。三壁上部饰千佛，但三个大龛内的造像为后代改凿。

　　皇泽寺不仅是国内唯一的武则天祀庙，寺内还保存着开凿于北魏

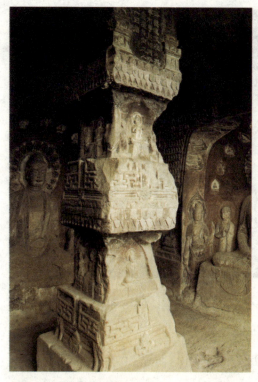

至明清的6窟、41龛、1203躯皇泽寺摩崖造像及其历代碑刻，不仅有极高的文物价值，而且有极高的观赏和研究价值，更被誉为中华传统文化的瑰宝。

在皇泽寺馆藏文物中，一组宋墓浮雕石刻无疑是我国宋代石刻艺术中的珍品，浮雕石刻共24块，每块长2米，宽0.8米，都是由本地黄砂岩石刻成。根据墓内清理出来的买地卷记载，制作年代当为南宋时期，最晚的一座宋墓已经近800多年了。

经过人们的精心修葺后，宋墓浮雕石刻被镶嵌在总长28米，高4米，厚0.8米的照壁上。分成《四宿神兽图》《戏剧演出图》《大典演奏图》《男女武士图》《孝行故事图》《墓主生活图》《花卉图》等七大类。

《四宿神兽图》中，有东青龙、西白虎、南朱雀、北玄武四兽。相传为威镇四方，避邪荣昌之神兽。

《戏剧演出图》和《大曲演奏图》共七幅，图中男伎身着圆领长衫系腰带，头戴软帽或硬翅冠，正手舞足蹈表演着；女伎或挽发髻或扎小辫，或罩长披或着短衫，手执擅板、横笛、竖箫、芦笙、唢呐、三弦、手鼓、腰鼓、扁鼓，马锣、桶鼓等站立演奏着。个个形态各异，生动风趣。

《男女武士图》中，人像高约1.45米到1.51米，男武士戴头盔，穿虎头铠，手执长钺，浓眉亮目，威武而怒。女武士头戴女冠，身着软甲战袍，手执长钺，眉目传神，肃穆端庄。在我国宋墓出土中尚属唯一发现。

《孝行故事图》中，共有五幅，均取材于《二十四孝》中的"王祥卧冰""孟忠哭笋""乔庄打柴""董永别妻""扼虎救父"等孝行故事，意在宣扬孝道，弘扬传统。

《墓主生活图》中，有《抬轿图》、《椅轿图》《牵马图》《庖厨图》《夜梦图》《念佛图》《焚香图》《飞壶酌酒侍宴图》等。其中的《飞壶酌酒侍宴图》令人见之不忘，在一张辅有桌围的桌子上，置执壶、瓜果、食盒等，但无侍者，酒壶悬空，似有隐身人在酌酒干杯似的。构思奇巧，引人妙思。

《花卉图》中，系石刻牡丹、芍药、莲花，显示墓主的高雅和富贵，极具象征意义。

这批宋墓石刻不仅具有较高的观赏价值，而且也是研究宋代社会

风俗、文化艺术、宗教传统，道德理念等最宝贵的实物资料。

《蚕桑十二事图》碑也是皇泽寺中保存的珍贵碑刻。相传在清代嘉庆年间，广元有一县令名曾逢吉。此人乃湖北京山人氏，举人出身，清嘉庆年间的1812年以军功授昭化县令。

曾逢吉赴任后深入民间探索富民之道，号召县民植桑养蚕，逐渐得出植桑养蚕致富之理。四年后曾逢吉调任广元县令，仍一如既往地倡导栽桑养蚕，并对全县每株桑树遂一造册登记，颁行只能增植，缺一补一，严禁砍伐的县规。在他的苦心治理下，广元境内所有道路两旁皆桑树成荫，绿色夹道。

1827年，曾逢吉升任松潘知州，临行前，赶绘了这套极似连环画的石刻《蚕桑十二图》碑，告诫当地百姓及继任县令不要荒废了植桑养蚕造福百姓的事业。

《蚕桑十二事图》碑高1.3米，全长5.8米。首图绘着嫘祖依马小憩，一只蚕虫在一株桑枝上悬丝坠向嫘祖头顶的画面，此图取材于嫘祖与白马的传说。

传说上古时代，嫘祖之父是一部落酋长，不幸在一次外出狩猎中与外敌发生战斗，酋长战败被俘。嫘祖得知消息后万分着急，便召集部落众人商议救父之策，并当众许下诺言，谁救回嫘父，她当嫁他为妻，但是部众均无良谋。

然而酋长家的大白马闻言，长啸一声脱缰而去，傍晚时分驮回了嫘父。可在以后的几天里，白马不吃不喝，嫘父甚怪，问之众人，嫘祖遂谈及许诺救父配婚之语。嫘父闻言大怒，说："人畜焉能配婚？"遂斩杀白马，剥皮曝晒于烈日之下。

可刚将马皮晒出，突然狂风陡起，马皮与嫘祖被一同卷上天空，尔后一声雷响，嫘祖化为一只蚕虫，悠然从天上悬丝而下，而埋入土中的白马骨骼渐渐长出一株大树，蚕虫悬挂树上，以叶为食，吐丝作茧。这树后人叫它伤心树或桑树，寓意嫘祖那一段伤心的往事。

《蚕桑十二事图》碑中，《选桑椹》《种桑》《树桑》《条桑》四幅图，展现了我国清代培植桑树的情景。《窝种》《种蚕》《喂蚕》《起眠》《上簇》《分茧》《腌蚕》《缫丝》八幅图，一一展现了清代人养蚕、缫丝、纺织的全过程。这组石刻图碑的拓片被广泛收藏，成为我国十分珍贵的史料实物和古代科普创作艺术瑰宝。

在皇泽寺，有两通看似平常，但却十分难得的碑石，这便是后蜀时959年所刻的《广政碑》和清代1286年广元路总管府总事王世明立石的《广元府记碑》。

其中的《广政碑》是研

究"皇泽寺"历史较早的实物资料，也是考证武则天出生于广元的重要证据。要点有二，一是因为此碑上明确写有"皇泽寺"这个名称，比北宋《元丰九域志》记载要早120余年；二是碑文中有"天后武氏其人也，事具实录"句，表明武则天是在其父亲任利州都督期间，生于广元。

《广政碑》的碑文还记载了唐五代时期，武则天已被当地人当作神明膜拜，一遇灾事"军民祈祷于天后之庙，无不响应"，以及当时建寺规模、庙产等情况。后来，祈求武后赐福这样一种民间的自发祭祀活动，演变为在武则天生日那天即"正月二十三，妇女游河湾"的广元民俗，也是广元现在每年9月1目的"女儿节"的由来。由此可见此碑的价值非凡。

每年的农历正月二十三，皇泽寺都要举行庙会，广元人都要去皇泽寺前乌龙潭一带划舟竞渡、游河湾，以此纪念武则天的生日。

《广元府记碑》碑高2.6米，宽1.38米，厚0.24米。原碑存于旧县衙，后被移入皇泽寺保存。碑文中，有"全蜀咽喉，古今要地，山川神秀，而历代设置营建以及官制统属。仰尝求广元之义，其在易则曰广大配天地，其在春秋则谓一为元；今天下一统，其亦广元二字有以闻其先乎？……至元二十六年六月记"的记载，从中可略知"广元"这一地名的由来。据清代乾隆年间《广元县志》记载：

今上皇帝龙飞之十八年至元丁丑广元路从学教授章霝撰文广元路总管府知事王世明立石。

《广元府记碑》碑文已无从辨认，所幸清代乾隆年间的《广元县志》录有该碑文，为后人留下了一篇了解广元历史沿革的可贵史料。

据传说，武则天执政时，有一天心血来潮，想为自己取一个好字，可是琢磨了好几日，还是没有找到最合适的，就决定向天下文人征求最吉利的字，于是一张征求御字榜文贴到了长安城墙上。当时有一个少林寺和尚叫明空，把皇榜揭了。他见了武则天，说道："我这个字，字典里没有。"于是写了一个"曌"字，并说："日月当空普照大地，就叫照吧！"武则天听了大喜，赏赐明空十万两银子重建少林寺。明空和尚欢欢喜喜地回少林寺去了。

后来，武则天做了皇帝，还为这个字作了一首打油诗："日月当空曌，则天长安笑；一朝作皇帝，世间我最傲。"

知识点滴

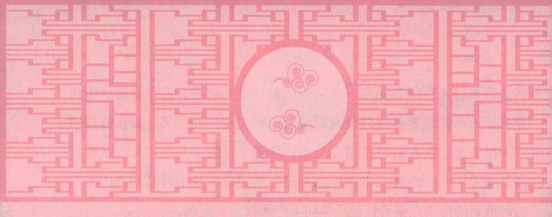

武则天祖籍地的则天庙

　　武则天的母亲杨氏出身于隋王朝皇室，杨氏的父亲是隋观德王杨雄之弟遂宁公杨达。相传当武则天还在襁褓中时，当时的著名相士袁天罡有一次见到杨氏，便对她说："夫人法生贵子！"

　　杨氏听了这话，便把两个儿子武元庆、武元爽领出让袁天罡相面。可是袁天罡一看说可以官至三品，只不过是能保家的主儿，还不算大贵。

　　杨氏又唤出武则天的姐姐让袁天罡相，袁天罡称"此女贵而不利夫"！

　　最后由保姆抱出穿着男孩衣裳打扮的武则天，袁天罡一见褴褛中的武则天大为震惊，说她"龙瞳凤颈，极贵验也"！

　　果然，武则天后来于690年正式登上皇帝宝座，成为我国历史上唯一的女皇帝。

　　武则天掌管朝政之后，任用了很多贤臣来治理天下，在历史上以知人善任著称，武则天一朝号称"君子满朝"，娄师德、狄仁杰等著名的贤臣均在其列，后来的"开元贤相"姚崇和宋璟也是由武则天提拔起来的。

　　武则天善于用人还体现在她在用人制度上的改革和创新。她改革

科举，提高进士科的地位，举行殿试，开创武举、自举、试官等多种制度，让大批出身寒门的子弟有了一展才华的机会。

武则天在登基之初，就在洛城殿对贡士亲发策问，派遣十名"存抚使"巡抚诸道，推举人才，一年后共举荐十余人。

武则天对有才能的人不问出身，全部加以接见，量才任用，或为试凤阁舍人、给事中，或为试员外郎、侍御史、补阙、拾遗、校书郎，我国古代试官制度自此始。时人有"补阙连车载，拾遗平斗量，把推侍御史，腕脱校书郎"之语。

武则天虽对有才能的人许以官位，但对不称职的人亦会加以罢黜。由于她明察善断，赏罚分明，当时的人也乐于为她效力。

武则天还进行了文化改革，在文化上创造了一个的"自我作古"全新的时代，其标志就是创造了我国历史上特有的"则天文字"。

则天文字或称则天新字，也称武后新字，是武则天所首创的汉字的总称，在今天看来属于异体字范畴。按照汉字的六种构造条例"六书"来划分，这些字都属于象形和会意字。

由于武则天的影响力，则天文字不但在我国本土流传了15年，还有部分则天文字传到日本、韩国，甚至成为某些日本人的人名用字。

虽然如今的则天文字已成为死文字，除文史研究外，日常生活中已不再使用，但仍然保存了下来而没有消失。

由于武则天对历史做出过巨大贡献，后人有许多关于她的纪念活动，其中山西文水建的则天庙，就是祭祀武则天的重要场所之一。

这里需要说明的是，由于历史文献对于武则天的出生地记载的不统一，造成了武则天出生在不同地区的历史困惑。关于她的出生地主要有三处的不同说法。

一是四川广元说。其主要依据是皇泽寺的《广政碑》，此碑是考证武则天出生于利州即广元的重要证据，表明武则天是在其父武士彟

任利州都督期间，武则天生于广元。同时，广元民间传说正月二十三为武则天生日，因而有法定的每年9月1日为"广元女儿节"，以此纪念武则天的诞生。

二是山西文水说。山西文水是武则天父亲武士彟的祖籍所在，而我国人历来有认祖归宗的籍贯情结，所以在文水建有祭祀武则天的则天庙。另外，依据正统史书《旧唐书》《新唐书》《资治通鉴》上面的记载，这三种我国历史上的重要文献几乎口径统一地记载着武则天为"并州文水人"。并州为山西太原的古称。

三是陕西长安说。陕西长安为唐王朝国都，武则天的父亲武士彟作为为建立李唐王朝立下了汗马功劳的一介木材商人，唐开国后被封工部尚书等职。所以"武则天出生在陕西长安"就成了众多历史学者认定的有力证据。

其实，我国各地为历史上杰出人物建庙立祠并不鲜见，所建祀庙祠堂大多以纪念其创下的丰功伟绩或名士风流之事迹，还有就是因其生于斯而建的纪念殿堂。先不管武则天出生在哪里，人们在山西文水建则天庙祭祀武则天确为事实。

则天庙位于山西文水县城北5千米处的南徐村北面，西傍吕梁山，东靠文峪河，是一处山清水秀的名胜地。此庙坐北向南，规模不大，轴线上从北到南有正殿、乐楼、雕像、山门；两翼建筑有偏殿、配殿、碑廊、鱼池、回音亭等30多间殿宇，占地面积约2.6万平方米。院内柳树成荫，花草遍地，以武则天的特定身份名扬天下。

则天庙始建在唐天宝年间的747年之前，清初改名为"水母庙"，或称"则天水母庙"，后来恢复了"则天皇后庙"的名称，现为"则天圣母庙"。

则天庙为何改名为"水母庙"？其中的一个说法是，宋代以后至明清执政者对武则天谩骂最甚，故官方把她的庙改掉以示贬责。

还有一种说法是武则天与水有关。南徐村附近有条小河称为泌

水，是从武氏深井自流而成，千百年来浇灌农田数百顷，造福一方。因此，人们把这一井泉称为神福泉，认为是则天圣母赐给家乡的福水，所以改则天庙为水母庙，或称"则天水母庙"。

相传，则天庙原计划建于泌水源头，正当人们做好地基立起梁架时，一夜大风，把全部木架刮到村子西北。村里人见此情景惊恐万状，知县看后也百思不得其解。正在疑惑之时，走来一位鹤发童颜的方士，他说："神皇一朝天，修庙该占乾。"在场人等如梦方醒，于是决定斋戒三日，并正当乾位就地建庙，即则天庙现址。

保存下来的则天庙正殿为金代皇统年间的1145年建筑，但在殿内与顶部仍保存了一对唐代金柱与部分唐瓦唐砖。正殿是庙内建筑群的中心，面阔三间，进深三间，单檐歇山顶。

殿内梁架建造中，采用了三角形组合与杠杆原理分散了顶部对大梁的压力，故大梁跨度很大，经数百年承受压力而未见弯曲，整座建

筑被专家评为唐宋建筑中的杰作。

则天庙正殿在营造法式上采用减柱造，殿内只有两根柱子巧妙地用在神龛后侧，梁架，斗拱以及檐下门窗，门墩石雕等，全为金代原制，使大殿显得宽敞舒适。顶部坡度平缓，出格较大，保存了唐代建筑的风格。板门上部"金皇统五年"刻字尚存，是殿宇建成年代。

正殿内神龛属宋金时代的构件。前部斗拱制作华美，神龛上方有一条悬塑走龙。它头小颈细，举步向前，回头顾后，造形生动优美，正是武则天以女人身份登基称帝的典型象征。

在八卦中，乾为天，坤为地。将其推演于家庭之中，则父为乾，母为坤。武则天称帝为真龙天子，但她又是个母亲，位占坤地，所以这里塑的是一条在地上行走的真龙。

武则天彩塑像头戴金色凤冠，身穿云纹霞帔，怀抱如意，端坐龛中。宽额广颐，面目慈祥，一副含蓄的表情，像在与民同乐。

则天庙舞台是一座卷棚顶式的明清建筑。在舞台内壁上保存了清代后期戏剧演出题记71条。这些题记出自演员之手，字迹潦草，章法也差，但却真实地反映了晚清这一地区戏剧活动的真实面貌。

从这些题记中可以知道，当时在山西中部的汾阳、祁县、太谷、平遥、清源、文水、介休、孝义八县中，至少有34个戏剧团体，演出剧目最少有71个。这些题记是研究地方戏剧史的珍贵资料。

舞台南面正对山门的是武则天雕像。该雕像取中年女政治家的神态，不穿衮袍，不戴冕冠，凤冠与龙钗都是缩小了比例的象征性头饰，以显露其面部与体态美，总高5米，台高4米，台基边长9.9米。

除此之外，庙内还有武则天的政绩陈列、武则天家族的史料陈列，以及与武则天有关的名胜古迹陈列。在这里，人们不仅可以看到一个时代杰出女政治家的不朽业绩，还可以看到她留下的文化遗产，弥足珍贵。

知识点滴

唐高宗驾崩后，作为才人，武则天居感业寺为尼。在感业寺，武则天写下了一首情诗《如意娘》："看朱成碧思纷纷，憔悴支离为忆君。不信比来常下泪，开箱验取石榴裙。"这首诗写得情真意切，表达了武则天对唐高宗的情思。

武则天和唐高宗是真心相爱，很有感情的。他们既是夫妻，也是政治伙伴，甚至一开始，他们就准备死后葬在一起。在唐高宗驾崩后，武则天写的祭文情真意切，要求一定要和唐高宗合葬。他们的墓是按照合葬墓的规格建造的。从爱情的角度来看，《如意娘》这首诗是武则天的真情告白。

包公祠

　　包公即包拯，曾以龙图阁直学士权知开封府，因不畏权贵，不徇私情，清正廉洁，当时流传有"关节不到，有阎罗包老"的赞誉。包公一生清正廉洁，刚正不阿，一直是老百姓心目中崇高的清官形象。政治清明时，人们固然怀念他；世道衰败时，老百姓更加怀念他。

　　包拯是我国老百姓心中的青天，从南到北，在全国许多地方都怀念包公，历代文人还写了不少颂扬包拯的诗词，用诗歌来歌颂他的刚正不阿和清正廉明，表达对他的景仰之情。虽然世事变幻不定，但是，人们对于包公的怀念却是永远的。

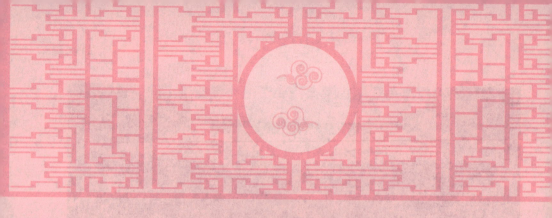

古都开封城内的包公祠

在我国大宋王朝的第40个年头，安徽合肥一家包姓名门望族诞生了一个胖小子，是全家盼星星盼月亮才盼来的一脉单传，名为包拯。

作为独生子，父母对他宠爱备至，他的童年幸福得像花儿一样。

包拯自幼接受良好的儒家教育，逐渐成长为一名有志青年。在求取功名的道路上，他在19岁那年中了进士甲科，被任命为大理评事、建昌县知县，后来奉调入京任开封府尹。

在当时，平民告状都得先通过门牌司才能上交案件，时常被小吏讹诈。包拯一上任就改革诉讼制度，处置恶吏，裁撤了门牌司，为百姓大开方便之门。

在开封府任期，包拯不仅断案英明，而且还是一个实干家。不到两年，就被任命为三司使，负责全国经济工作。在经济改革方面，他展现出了过人的天赋，比如改"科率"为"和市"，即朝廷按照公平价格购买农民要缴的上供物资。他还免除部分地区"折变"，即废除农民将粮食变成现钱纳税的规定等措施。由于开展经济工作卓有成效，两年后，包拯被提拔为枢密副使。

然而，这时的包拯已经是63岁的老人。宋仁宗时代相对和平，枢密副使这个职务也许是皇帝对忠心耿耿的包拯的一种荣誉回报。

一年之后，包拯病逝，首都开封的老百姓莫不悲痛，皇帝亲自到包家吊唁，并宣布停朝一天以示哀悼。当宋仁宗看到包家如此俭朴，又听闻他"居家俭约，衣服器用饮食如初宦时"，不禁感慨万分。北宋著名政治家、文学家、史学家欧阳修曾说，包拯"少有孝行，闻于乡里；晚有直节，著在朝廷"。

包拯纯朴平实、刚直不阿、疾恶如仇、爱民如子，同时他不苟言笑、太过较真、不会处世、人缘不好。然而，他却成为了我国历史上无人企及的崇高与正义的化身，一个至忠至正、至刚至纯的清官标志与忠臣样本，一个被历朝官方推向神坛，又被历代老百姓奉为神明的"包青天"。

人们永远怀念包拯，在我国的文学作品和民间相传的故事当中，衍生出了很多关于他的故事。如在我国戏曲史上，没有一位官吏能够像包拯那样，可以如此频繁地出现在历代的戏剧舞台上，久演不衰，并且成为一类非常独特的戏剧通称，即"包公戏"。

戏剧中的包公，并不等同于历史上的真实人物包拯，而是改编自文学包公的带着某种理想化的包公形象。包公既是一位清正廉明、铁面无私、心智过人、执法如山的清官，又是一个半神半凡的超人。

除了戏剧形象外，自金、元以来，开封就建有包公祠，以纪念这位先贤。

开封包公祠是目前国内外规模最大、资料最全、影响最广的专业纪念包公的场所。它坐落在开封城内碧波荡漾、风景如画的包公湖西畔，是一组典型的仿宋风格的古典建筑群。气势宏伟，凝重典雅。

包公祠占地1公顷，为白墙青瓦构筑的封闭式三合院组成，祠内主

要建筑有大门、二门、照壁、碑亭、二殿、回廊、大殿、东西配殿。

进入大殿内，高3米多、重达2.5吨的包公铜像引人瞩目，只见他蟒袍冠带，正襟危坐，一手扶椅，一手握拳，仿佛要拍案而起，一身凛然正气，是集历史性、思想性、艺术性于一体的包公写照。两旁陈列着反映包公真实生平和清德美政的历史文物与典籍。

二殿展有包公的出仕明志诗、开封府题名纪碑、包公家训、包公书法手迹、墓志铭等。包公在出仕明志诗中开篇写道：

清心为治本，直道是身谋。

此语开宗明义，使一个大义凛然、正气冲天的包公形象跃然纸上。包公家训也是二殿中的重要内容。包公晚年在家训中写道：

后世子孙仕宦有犯赃滥者，不得放归本家，亡殁之后，不得葬于大茔之中。不从吾志，非吾子孙。

这更充分反映出包公嫉恶如仇、清廉传家的高贵品质。

开封包公祠原有一通《开封府题名记》碑，现存于开封市博物馆，碑高214厘米，宽96厘米，厚24厘米。碑上刻有北宋开国以来，共146年，183任开封府尹的姓名和上任年月。

北宋时期，各级官厅亦各立本厅历任官员题名碑，这是个简单的流水账，记的就是官员姓名官职到任和离任日期。这种"流水账"，西晋时就已经出现，到了北宋，更为盛行。

北宋著名政治家司马光在《谏院题名记》中说：这样做可使后人"历指其名而议之，曰某也忠，某也诈，某也直，某也回"，对官员是一种警诫。对贪渎者，老百姓指着名字大骂像被人戳脊梁骨，有点廉耻的人都不会好过。对尽责者，老百姓的指名褒奖也是道德教化的一种。

　　《开封府题名记》碑显然实现了一定的道德教化作用。据文献记载，北宋时包公备受敬仰，男女老少皆知其名。南宋时，他在碑上的名字被仰慕者触摸得"指痕甚深"。历经元明清民国，指痕更深，变成"小坑"，名字不存。包公名不在碑而有口皆碑，民心烛照，足以激发后代官吏之勤修德政。

　　元代诗人王恽赋诗赞曰：

　　　　拂拭残碑览德辉，千年包范见留题。
　　　　惊乌绕匝中庭柏，犹畏霜威不敢栖。

　　此诗颂扬包公和范仲淹的盛德和威名光耀千古，把贪官污吏比作可恶的乌鸦，即使千百年后，见其碑犹如见二公其人。

　　王恽看到石碑时，包公的名字还在，其正气"霜威"，仍然能够震慑贪渎。直到今天，开封民间仍然有传说："如果你不是贪官，用手指触摸包拯的名字，手指就不会发黑。如果是贪官，触摸后手指就会黑。"

《开封府题名记》碑可补史料空缺和纠史之谬误之处甚多，比如有多人是正史无相关记载而在开封府任职者，石碑补充了以上史传的不足，是极有意义的。

此类文物在全国并不多见，是研究宋史、开封地方史志珍贵的实物资料。它不仅是开封市宝，在我国"国宝"级石刻中也应占有一定地位。

开封包公祠东西展殿则以图文并茂的形式，展示包公的传说逸闻、历史故事。特别是东殿的群组蜡像《铡美案》与真人大小一样，色彩鲜明、形神俱备、毫发毕现、栩栩如生，备受人们的赞扬。

开封包公祠集中全面地展示了包拯的高尚人格、清德美政、清廉家风及对后世的深远影响。欣赏之余，更使人加深了对包公那跨越时空的敬仰之情。

知识点滴

关于包拯断案的故事，后人演绎的成分较多。这些故事大都反映出人们对包拯这一重要历史人物的缅怀。

相传包拯快出生时，其母照常去附近的凤凰山砍草。一天，包母感到肚痛，自知快要临产，急忙回家。哪知每走几步，肚子就痛一阵，每痛一次，就要蹲下一会儿。大约走了一里，痛了13次，蹲了13次。并且在蹲过的地方冒出包墩。这就是当地地名"一里十三包"的由来。

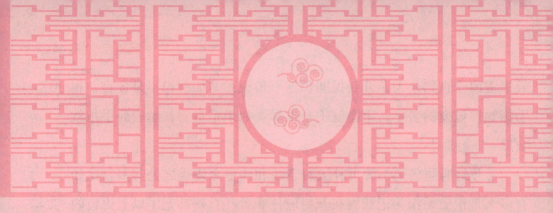

合肥大兴集的包公孝肃祠

相传宋仁宗皇帝封包公为龙图阁大学士的时候，还将半个庐州城赏赐给他，谁知包拯却说："臣做官是为国家和黎民百姓，不是为了请赏，所以我不要。"

宋仁宗听了暗暗称赞，觉得一点不赏赐，心里过意不去，于是就说："那就把包家门前那段人工河赏赐给你吧！"

包拯想，河不比田地，不好分，不好卖，富不了，也穷不尽，就谢恩接受了。说也奇怪，世上的藕，丝都很多，而且藕断丝连，可是包河里的藕，丝却很少，人们说：这是因为包公无私的缘故。于是人们也将这条河叫作包河了。

包拯病逝后，人们在1063年将之葬于合肥大兴集。为了怀念这位公正廉明的"青天"，人们就在这里修建了祀庙。到了明弘治年间的1488年，庐州知府宋鉴在祀庙东段的一个土墩上修建包公书院，故名为包公祠。土墩又叫"香花墩""包墩"传说是包拯少年时读书的地方。《庐州府志》中称：

香花墩，在城东南门外濠中，是包公青少年读书处，本为公祠，蒲苇数重，鱼凫上下，长桥径渡，竹树阴翳。

　　明朝弘治初年，庐州知府将原来岛上的小庙拆除，改建为"包公书院"，并称小岛为"香花墩"。到明嘉靖时期，书院得以重修，改名"包孝肃公祠"。包公孝肃祠占地1公顷，由大殿、二殿、东西配殿、半壁廊、碑亭组成。风格古朴，庄严肃穆。祠内陈展有丰富的文物史料。

　　包公孝肃祠两侧外廊门拱上刻有"廉顽""立懦"四个醒目大字，在"包孝肃公祠"大匾下黑漆大门上，书有红底金字的对联，上联是"忠贤将相"，下联是"道德传家"。

　　包公孝肃祠的正堂，供奉着用檀香木雕刻的包公彩绘像。包公白面、长髯、儒雅、端庄，坐在神坛上，左立捧印文官，右立持剑武吏，案几上放着令箭、朱笔、虎头签、惊堂木等，仿佛升堂在即。令人颇感兴趣的是，这个包公并非黑脸，而是一个白面儒生，额头也没有日月阴阳眼，或许这才是"包拯"真实的尊容。

正堂内除了包公雕像，还有王朝、马汉、张龙、赵虎四大护卫的站立塑像。正上方悬挂的是李瀚章写的"色正芒寒"的横匾。左边是清乾隆年间庐州知府肖登山所题"节亮风清"的匾额，右边是光绪年间左锡旋所题"庐阳正气"的匾额。

摆在右侧的还有摆在大堂一侧的3把铜铡：龙头铡、虎头铡、狗头铡，寒气逼人。

包公孝肃祠正殿之西的回澜轩，东、北临水，古时为官宦、文人避暑饮宴之处。回澜轩又名包公历史文化长廊，是游人了解真实包公的好去处。长廊里以瓯塑、碑刻、书画、刺绣、彩绘木雕等多种工艺集为一体，还有反映包公活动的壁画。向游人展示包公"忠、孝、廉"的一生。

包公孝肃祠西南之流芳亭，相传包公幼年时常来此读书，故建亭以为纪念。后来建筑物被毁，1981年重新仿建。

包公孝肃祠东南角的廉泉亭，亭中有井，亭内石壁上刻有清末举人李国苇根据传说写的《香花墩井亭记》。此记中说，曾经有一个太守喝了这里的泉水以后，头痛欲裂，原来他是个大贪官；而几位举人饮了此水，顿觉水甜如蜜，原来他们都是好人。故此井名为"廉泉"。

此外，包公孝肃祠里还有"直道坊"和"清心亭"，此乃包拯《题郡斋壁》里的诗句："清心为治本，直道是身谋"，他认为清廉是治世的根本，正直是为人的准则。所以包公祠不仅是一个很有特色的游览胜地，又是寓教于游的好地方。

在包公孝肃祠内有一块引人瞩目的石刻，是人们在包拯墓中清理出来的"宋枢密副使赠礼部尚书孝肃包公墓铭"石刻。"赠"为人去世后的受封。原墓铭和3000字的墓志碑现都存于安徽省博物馆。这块墓铭较《宋史·包拯传》更为详细地叙述了包拯的一生，可以起到补史的作用，极为珍贵。

墓铭中记叙了包拯好几件铁面无私、刚直不阿的事迹，其中有这样两件，说包拯在其家乡任庐州知府时，性情峭直，"故人、亲党皆绝之"。

在当时，包拯的一位亲戚犯了法，被人告到府里，包拯铁面无私，依法处治，打他一顿大板；张尧佐是宋仁宗的宠妃张贵妃的叔父，无德无能，仅凭亲戚关系，宋仁宗一次就授予他四个军政要职。

针对宋仁宗的任人唯亲，包拯专门上了一篇《请绝内降》的奏疏。以后他又接连上奏疏数道，认为这是"兆乱"之举，进而阐述"大恩不可以频假，群心不可以因违"的道理。

由于包拯的据理力谏，终于使宋仁宗"感其忠恳"，不得不削去张尧佐的两个要职。

包公孝肃祠与包孝肃公墓园相连。包孝肃公墓园位于合肥旧城墙外侧包河南畔林区，园内面积1200平方米，墓园内迁安了包拯及其夫人、子孙的遗骨。

包拯曾言："后世子孙仕宦有犯赃者，不得放归本家，死不得葬大茔中"，因此就有了所有"不肖子孙，不得入墓"的传说。

包孝肃公墓园格局别致，主副分明，方正严谨中富有变化。墓园

的主体建筑和附属建筑堂、亭、室、阙，均以宋代二品官葬制设计，一砖一石一瓦完全符合宋代建筑质地与规格要求。

整座墓园四周还有院墙围护，园内各处皆有神道贯通，建筑群落随形就势，满园苍松翠柏，芳草如茵，古朴幽静。不少建筑上还有百余位书法名家书写的匾额、楹联装点，更增添了墓园的历史氛围和文化底蕴。

包孝肃公墓园由主墓区、碑廊、附墓区、地下墓室等组成。

穿过墓园大门，先映入眼帘的是大型照壁。照壁高4.2米，宽10.2米，上刻有"包孝肃公墓园"六个苍劲有力的楷书大字，是著名书法家方绍武书写。照壁的功能是石阙前的屏障，起隐蔽作用，同时也起到装饰作用。这方照壁是安徽最大的照壁，其构造完全是按宋代官方颁布的建筑设计、施工的规范书《营造法式》建造而成的。

照壁的后面是"子母双石阙"。阙是古代宫殿、祠庙和陵墓肃穆处所的外部建筑，通常左右各一，也有在大阙旁建一小阙的称"子母双石阙"。

我国建阙的历史可追溯到春秋时期，初为城门，城墙到此而以阙作为门，所以称城阙。墓门建阙约始于西汉。我国的古阙虽然很多，但大都残缺不全。像包孝肃公墓园之内的"子母双石阙"，只有这一座。"子母双石阙"的母阙高6.4米，子阙高4.5米。

穿过神门，一条笔直的神道直达包拯墓冢。神道右边立有龟趺螭首神道碑。碑上撰写着包拯生平事迹，内容与墓志铭的内容基本相近。

神道右旁还立有石柱，名叫"望柱"，又称"华表""和表""桓表"和"诽谤之木"。相传立柱之习原是尧舜时竖立于交通要道的木牌，让人在上面写谏言之用的。后来改为石柱，上面刻有多种形状的

花纹，并逐渐演变成设在桥梁、宫殿、城垣或陵墓等前作为标志和装饰用的大柱。

设在陵墓前的大柱又称为"墓表"，一般常见的均为石造，柱身雕有蟠龙纹饰，上为云板、蹲兽。包孝肃公墓园的这根望柱呈八楞形，高3.6米，柱身刻有缠枝牡丹，柱的上端是寿桃型光焰。

神道两旁各有石羊、石虎、石人一对，组成墓前石刻群，名为"石像生"。墓前石刻群既是一个朝代的艺术型制，又表现了一个朝代的政体特征。包拯墓前的石刻群是按照北宋陵寝墓前石刻形制刻制的，其数量、品种则沿用唐制，显示墓主是三品以上官员。

登上几级石阶，迎面是包拯的享堂。享堂是包公墓园的重要建筑，专供祭祀活动之用。享堂正门两侧的抱柱上有一楹联为：

正气慑王侯，铡恶除奸传万世；
遗风昭日月，蜀山淝水庆重光。

联中"蜀山"指合肥西郊风景秀丽的大蜀山，"淝水"指穿城而过的淝河，从"正气"和"遗风"两个方面颂扬包拯的政绩和品德。

首句中的一个"慑"字，写出了包拯的明察善断，执法如山及对王侯的威慑作用。尾句中的一个"庆"字，点出了人们因怀念包拯而建墓园的欣慰之情，希望包拯的"遗风"得以发扬光大。

享堂正门前也有一副楹联：

廉吏可为来者是式；
故乡更美公乎其归。

上联"廉吏可为"是用典。春秋战国时，楚国有个名为孙叔敖的令尹，他辅助楚王称雄，政绩卓著，赢得楚国百姓的赞颂。

包拯去世后没有给他的后人留下什么财富，致使他的后人过着贫穷困苦的生活，被史籍称为天下第一清官。而和孙敖叔同时期的一些赃官、贪官，他们死后却给自己的后人留下了大笔财产，使他们继续过着锦衣玉食的生活。两者之间，对照鲜明，因而社会舆论感叹道"廉吏不可为"。作者在此反其意而用之：包拯名传后世，光耀史册，所以"廉吏可为"。"来者是式"意思是后来人应当以包拯为楷模。

下联意思是包拯逝世近千年了，他病逝外乡，归葬故里，"公乎其归"既表现包拯对故乡的眷恋，也表现故乡人们对包拯的深情。

享堂飞檐翘角，灰瓦彤柱，高约10米，是一座木结构九脊五开间

的宋代建筑风格的殿宇。殿内，20樽凿花纹饰的柱基上，耸立着20根丹红国漆大柱，撑起橡梁昂枋，使大殿显得气宇轩昂，宏伟壮观。

享堂中央高支神龛，放置着包拯神位。神位前的供桌上设有香台，供瞻仰、祭祀者进香叩拜。神龛上方悬匾三块，中间的匾额上写的

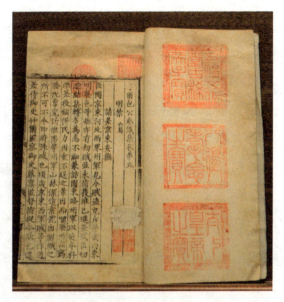

是"为政者师"，是清代人王均撰写，当代著名书法家刘炳森所书，左侧为"正气凛然"，右侧为"清正廉明"。

享堂神龛两端的巨柱上悬一幅长联：

> 十五卷谠论排闾，江河不废仰止高山，正道自千秋，宇宙声名尊孝肃；
>
> 九百年明德在世，人物凛然长留生气，凌云应一笑，岁时乡国荐芳馨。

全联上写"论"，下写"德"，对包拯的一生，做了极高的评价。皇上念他的功勋，在包拯去世以后就照顾他的子女在朝为官，后来又赐了一位"恩生"，负责管理包公祠、包公墓和有关文物、文史资料，接待来访客人。

"恩生"是世袭的，本人临终前，一定要按照立嫡、立长、立

贤的原则确定好继承人。他是一族之长，大家都听他的。过去的"恩生"都住在香花墩上包公祠的旁边，便于打扫包公祠。

包家的人叫香花墩为"包墩"。包墩是包家的圣地，说是从包墩迁出去的，都是包家的子孙后代，包公子孙没有不知道包墩的。最后一代"恩生"是包公的35世孙包先海。

包孝肃公墓园旁有祭田数亩，"世奉免征"，由世袭的守冢户耕种。守冢户平时管理墓地，禁止牛羊放牧。清明时节，包公子孙扫墓，供应午餐两桌，鸡、鸭、鱼、肉八大盘，另加白酒和挂面，即当租课。

从北宋开始，每年春秋两季，都由庐州府学的校长和合肥的县长率领师生前往包孝肃公墓园祭扫包公墓。由于这项活动，集德育、智育、体育于一体，深受师生们的喜爱，便形成了一种惯例，经久不衰。即使发生元、明、清的多次改朝换代，这项活动也沿袭未改。

知识点滴

包公故事的丰富性，在通俗文学中可以说是独一无二的。其实宋之前著名的廉吏也有不少，就是在同时代的官僚中，包公的地位远不及富弼、韩琦、欧阳修、范仲淹、王安石等人显赫，但为什么包公被作为清官文学的代表在通俗文学中出现？

包拯不畏权贵，不徇私情，清正廉洁，百姓更喜欢直呼"包公"。平民呼唤包公，实际上是对黑暗现实的极度不满而导致的一种心理幻想，凝聚了专制社会下老百姓对于清官的企盼，和对社会公正的向往。

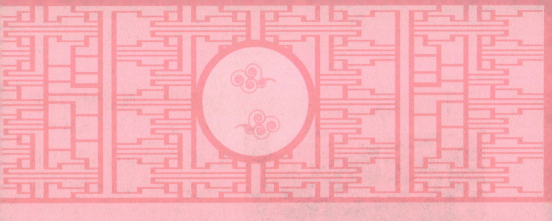

全国各地建造的包公庙

　　包拯为官为民作主，伸张正义，其凛然正气，被逐渐演绎成除暴安良的"包青天""包老爷"，人们广建庙宇，将他当作一方保民平安的神灵供奉。

　　全国各地建造的包公庙有很多，其中比较著名的有：商丘市包公庙乡、香港湾仔包公庙、福州市包公庙、河南辉县包公庙和湖南攸县麻城包公庙。

　　商丘市包公庙乡的由来，与在民间流传深远广泛的包拯"陈州放粮"的故事有关。

　　话说宋仁宗庆历年间，陈州一带连续遭受三年灾害，庄稼颗粒无收，陈州百姓挣扎在死亡边

缘。朝中户部尚书范仲淹欲派两名清廉官员到陈州放粮救灾。当时的刘衙内力荐自己的女婿杨金吾与儿子小衙内刘得中去陈州放粮。

杨金吾和刘得中二人奉命到陈州后，并未放粮救灾，而是秉承老子刘衙内的意图，乘机盘剥百姓。他们贪污的事实传到京城，包拯奉命去陈州查办此案。他行至宋城永定乡，饥民拦轿喊冤，诉说灾情。宋城即现在的商丘。

包拯在陈州查实了刘、杨二奸的罪恶，将他们处死，并开仓放粮，赈济灾民，使宋城的广大灾民度过了严冬和春荒。

宋仁宗庆历年间的1047年，宋城的百姓为报答包拯放粮赈灾的大恩大德，自发捐钱捐物，在拦轿喊冤的地方为其修建了一所庙宇，人称"包公庙"，并将他来巡察的正月初九至正月十五定为庙会期，以作纪念。后来，包公庙就成了地名"包公庙乡"，至今已有近千年的历史。

历经千年的风雨剥蚀，商丘包公庙多次遭到破坏，现在的规模是1994年在原来的地基上重建的。

现包公庙占地约2000平方米，建于高约2米的高台之上，山门、大殿、东西厢房围成一个四合院。院东南角另有一个名为"倒坐南衙"

的小院，布局结构紧凑，建筑风格古朴。院正中耸立一古色古香的双层建筑"焚香楼"，内中香灰满炉。

商丘包公庙有正殿五间，正中端坐着威风凛凛的包公，上悬"光明正大"匾额，展昭和公孙策站立左右，两旁分列王朝、马汉、张龙、赵虎的塑像，东西套间分列寇准、王延龄塑像。

院内两棵国槐将整个小院收入绿阴之中，正对大殿门前的一棵石榴树上，火红的石榴缀满枝头，为肃穆古朴的氛围增添了勃勃生机。

香港湾仔包公庙位于湾仔坚尼地道隆安街2号，创建于清同治初年的1862年。该庙规模不大，在湾仔玉虚宫的偏殿内，自成一殿。

殿上奉包公神像，正中有"包公丞相"横织锦帐额，两旁各有长旗，绣"龙图学士包公丞相"八个字。

此庙初建之时的清代同治年间，香港贪污之风甚盛，常有不少冤案发生，坊间民众遂供奉包青天于玉虚宫偏殿。在这里拜包公的人们，多以清香一炷，不备其他祭品。这也许是当时的人们对贪污之风

的一种抗议。

福州市包公庙位于福州市南郊盖山镇高湖村。此庙始建年代不详，据庙内《募缘重建碑》《孝肃公英烈王碑》记载清同治时的1867年重建，光绪时的1900年再重修。1989年，乡人集资重修塑像。

其实，包拯并没有来过福州，在福州仓山区高湖村的一条小巷里，却有一座古老的包公庙。据说在宋代时，高湖村里有一位文人在河南开封府当官，与包拯相识，关系甚笃。他告老回福州后不久，听说包拯逝世，十分缅念。为了表达他的崇敬心情，便捐资塑了一尊包公像，并建庙予以纪念。

这座具有历史意义的、在福州地区独一无二的包公庙，保存得十分完好，包括戏台和大殿两大部分，系古典全封闭式结构，观众看戏风雨无阻，面积有100多平方米。

福州市包公庙坐北向南，砖木石结构，由戏台、左右走楼、大殿等组成，建筑面积274平方米。门墙为牌楼建筑形式，气势雄伟，装饰华丽，戏台靠近大门，戏台藻井装饰花卉图案，雕工精巧。

大殿面阔三间，进深六间，用20根石柱，穿斗式木构架，双坡屋顶，两边设封火墙。大殿后墙壁正中设神龛，内供包拯塑像。柱上镌刻八幅联对，落款均为"光绪巳酉年长寿堂、三宝堂同敬立"。

尤其难得的是，大殿里保存有1867年重建的石碑一通，以及

1855年的石柱对联三幅：

　　　刚毅立朝贵戚宦官敛手；
　　　纂修特笔忠臣孝子齐名。
　　　宋代权奸互镜应惭渭浊；
　　　湖滨善信捧觥块睹河清。

　　　峭直不阿允推良宰辅；
　　　阴阳攸摄共拜福阎罗。

　　这三幅对联，充分地表达了人民群众对清官良吏的敬仰与对贪官权奸的谴责。河南辉县包公庙位于太行山下的包公庙村和峪河边界，有600多年的历史。据说庙里的包青天石像非常灵验，善恶分得很清楚。另外在庙的建立时曾在地下挖出12生肖属相等。

　　辉县包公庙是一座古朴典雅、绿树掩映、远近闻名的绿色建筑。之所以在这里建包公庙，因为当时包拯在此微服私访时，曾经救了一位师姓前辈，师族村民感激涕零，在此山下修建三间草屋，内供包公像以作纪念，后在清代发展到几十间瓦房，香火旺盛。

　　湖南攸县麻城包公庙久负盛名。据《麻城包公庙志》记载：明代嘉靖年间的1532年，江西龙虎山上清宫光瑞法师云游到湖南攸县"荷花形"这个地方的时候，看到这里景色怡人，想到心中敬仰的"包青天"，不禁感慨万千，于是集资在这里开址立庙，最初只是用石块垒成了三间草庐，其中放置宋代包拯的神位。

光瑞法师每天都要焚香祭拜包拯，平时就用自己所学的医术，用药签给当地的人们治病祛灾，他常常对于贫困的治病者不收取一个铜板，当地的人们非常敬重他。

到了明末，著名思想家李贽的入室弟子湖北麻城学者悟震，于1605年来到了荷花形。当他见到这地方的自然地理特征极像他湖北老家麻城龙湖的形状时，便在荷花形包公庙安顿下来。

当时包公庙很简陋，悟震家境富裕，又想到有如此奇缘，便倾其所有家产用来修庙，同时到各地化缘募资，兴修包公庙正殿，塑立包公神像。为怀念家乡和恩师，悟震将荷花形改称"麻城"，并一直沿用了下来。

改建后的麻城包公庙，又称"圣城"。庙中有庙，殿中有殿，里面侍奉了上百尊神像，集儒、释、道各教，互尊共荣。每年农历八月举行盛大庙会，来自两省三县的进香朝拜者络绎不绝。三教信众分别在大庙各寺院、宫观，依教仪顶礼膜拜。

当地有一个叫欧阳天晖的人，法名为一峰法师，他曾为《荷花形异城》赋诗一首曰：

北江环抱泻清溜，甘棠远列画图开。

纵有丹青描不就，灵秀钟毓一方来。

清代文士汤诒轩《麻城夕照》诗云：

> 龙图香火古麻城，向晚贪看返照明。
> 村市炊烟忙过客，树梢残月倦流莺。
> 红蒸天半霞千缕，碧漾江头水一泓。
> 孝肃于今遗庙在，高瞻栋阁夕阳横。

清末，包公庙还开办过文昌书院、文徽学堂。据说，清末拔贡余世本、名医贺升平等都曾在此就读或执教。

麻城包公庙历尽沧桑，先后八次被毁，十次重修。经历朝维修不断扩建，逐渐形成了现有占地面积4000余平方米，建筑面积1000多平方米的仿古式庙宇建筑群。分别由包公大殿、左右旁殿、观音阁、文昌宫、关公殿、龙王宫、戏台、山门、食堂和数十间厢房组成。

在攸县众多的诸如包公庙、龙图阁之类的庙宇中，麻城包公庙以其悠久的历史，恢宏的建筑，旺盛的香火，众多的朝圣者著称，名扬湘赣，甚至享誉神州大地。

时移世变，圣城巍然。麻城的各种民间会团也经常汇聚于此，如：包公会、观音会、孔圣会、关帝会等。

此外，还有油灯会、长醮会、龙灯会、桂花元会、育婴会、积谷会、太平会、八谷会等民俗和互济组织等，逐渐形成为以道文化为中心的民间活动场所。"江南诗怪"颜真愚《麻城观光》赞曰：

青山绿水绕麻城，争羡神灵地亦灵。
辈出人才新继旧，振兴经济利成名。
自然美共人文美，城乡荣连古迹荣。
今日欣逢尧舜世，弦歌处处颂升平。

除了上述五处包公庙外，还有我国台湾南投县埔里的青天堂和高雄县大寮村的开封宫、澳门镜湖医院附近的包公庙、湖南省郴州市宜章栗源镇的包公庙等，人们在这里祭祀包公，表达对包公的崇敬之情和心中的美好祝愿。

人们在全国各地广建包公庙宇，进行祭祀，是因为包拯心中装着百姓，为官清正廉明。在包公庙中的祭祀活动，也促使一个地方官仿效包拯，为政时庇荫四境，造福一方。

知识点滴

包公的脸谱和传统戏剧中的所有脸谱不同，该脸谱墨黑如漆，在脑门心的位置上用白色油彩勾画出一弯新月。这一脸谱为戏剧中的包拯专用。

包公的前额所画，俗称"月形脑门"，学名"太阴脑门"。传说中包公刚正威严，"日断阳间夜断阴"，白天料理人间的案子，夜晚则主持阴间的讼事，需要阴阳两界的"通行证"，而这"月形脑门"，就起到"通行证"的作用。

岳王庙

  岳飞是我国历史上著名的军事家、战略家和民族英雄。北宋末年，岳飞投军，从1128年遇宗泽起到1141年为止的13年间，率领"岳家军"同金军进行了大小数百次战斗，所向披靡，"位至将相"。后来以"莫须有"的"谋反"罪名被害。宋孝宗时岳飞冤狱被平反，追谥"武穆"，后又追谥"忠武"，封鄂王。

  为了纪念岳飞，我国许多地方都修筑了岳王庙，规模较大的有靖江、杭州、朱仙镇、安阳汤阴、宜丰等地的岳飞庙。这些庙宇，寄托了人们对民族英雄岳飞的深切缅怀之情。

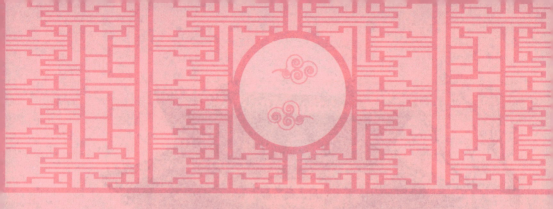

最早的岳庙靖江岳王庙

  那是在北宋末期的1103年，在相州汤阴县的一个普通农家，一位妇人即将临盆。相州即现在的河南安阳。相传这个孩子出生的这天，

有大禽若鹄，飞鸣于室上，父母因此给他取名岳飞，字鹏举。

岳飞少年时为人寡言，常负气节，喜读《左氏春秋》《孙吴兵法》等书。为了进一步探究书中的奥秘，岳飞拜师学习骑射和刀枪之法，练就了一身武艺，堪称"一县无敌"。

后来，岳飞投军从戎。在军中，岳飞目睹了外敌入侵后家乡人们惨遭杀戮、奴役的情形，心中愤慨，意欲随军出征抗击外侵。

岳飞的母亲姚氏是一位深明大义的妇女，他看到儿子每天愁眉不展的样子，一下子就明白了儿子的心意，他积极勉励岳飞"从戎报国"，还为岳飞后背刺上"尽忠报国"四个字为训。岳飞牢记母亲教诲，忍痛别过亲人，投身抗敌前线。

在军中，岳飞的勇敢和武艺很快就得到用武之地。为了更好地抵御外敌，岳飞组建了"岳家军"，并率领"岳家军"同敌军进行了大小数百次战斗，所向披靡。

　　岳飞反对主和派秦桧等人的消极防御战略，主张黄河以北的抗敌义军和宋军互相配合，夹击敌军，以收复失地，夺取抗敌斗争的最终胜利。由于岳飞等人的坚决抵抗，金兵在无力攻灭南宋的情况下，准备与宋议和。南宋朝廷中的主和派乘机开始打压手握重兵的将领，尤其是坚决主张抗敌的岳飞和韩世忠二人。此时的金国将领金兀术更是惧怕岳飞，在给南宋大臣的书信中说"必杀岳飞，而后和可成"。

　　此时的宋高宗赵构，为保南宋朝廷能够偏安一隅，在一天内连发12道金牌，急诏岳飞回师。后来，岳飞以"莫须有"的"谋反"罪名，与长子岳云和部将张宪同时被害。

　　岳飞回师的消息传出时，中原的百姓们都对岳飞依依不舍，不忍他离去，同时还担心岳飞走后金兵再犯，让他们再一次陷入水深火热的境地当中，所以就想和岳飞一起离开中原。

　　岳飞爱民如子，不忍心拒绝他们的要求，于是就带着靖江的难民一同南下。当岳飞带着难民经过千里迢迢的艰苦跋涉，来到扬子江边的靖江时，他彻夜难眠，起身踱出帐篷，借一弯冷月察看四方。

靖江原称马驮沙，又名骥江、骥渚、马洲、牧城，约成陆于三国时期。成陆前仅一孤山屹立江中，后因海潮逆江，泥沙沿孤山之麓积聚而成陆地。岳飞见靖江一带负江阻海，襟越衔吴，确是一方要地；虽然荒草萋萋，却有山有水，宜粮宜桑，分明是大江怀中的一颗明珠。欣喜之下，心中已有盘算。

第二天，岳飞召集百姓，对大家说："你们不要南下了，就在这里落脚谋生吧。别看它眼下荒芜，将来定是鱼米之乡。我愿这里八百年无水灾，八百年无旱灾，八百年无兵灾！"

岳元帅的话鼓励了众百姓，从此，百姓们便在这里安家落户，繁衍生息。在这批避难的中原百姓中，朱、刘、陈、范、马、陆、郑、祁这8个大姓氏，就是靖江最早的居民。

　　岳飞要走了，老百姓紧紧相随，送了一程又送一程，一直送到了江边的一座桥头才不得不停住了脚步，这座桥后来被命名为"望岳桥"。

　　岳飞脱下了身上的白袍留给老百姓作纪念，后来百姓为了怀念岳元帅，希望岳元帅长生不老，就建成了供奉白袍的白衣堂，再后来又建造了一座生祠。

　　早先的岳王庙始建于何年何月已无从考证，它既无流金殿宇，也无巍峨楼阁，与民宅、田畴相依。庙外庄稼生长，庙内饭菜飘香，这多么像一幅经远的民俗风景画，寓示着岳元帅根植民众，又昭示靖江人知恩图报的淳朴品质。

　　庄严岳庙经历了近千年的风雨仍然不屈地屹立着，屡毁屡建，流传下来的弘毅园内的岳庙已是有史记载以来的第四次重建。

　　保存下来的岳庙为重建后的宋式建筑，从望月桥上看过去，整个

岳庙就像一本厚实庄重的历史大书，等待着人们打开阅读。

推开岳庙大门，岳庙大殿直扑眼帘，庄严威武之气油然而生。大殿是岳庙的灵魂和中心。穿过绿树鲜花相拥的甬道，门厅前抱柱楹联历历在目。其中有一幅对联出自岳飞的《满江红·怒发冲冠》：

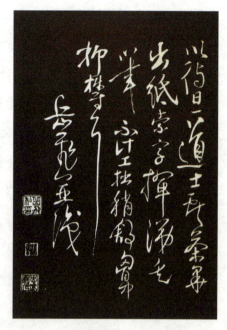

三十功名尘与土，八千里路云和月。

意思是说，三十多年来虽已建立一些功名，但如同尘土微不足道；南北转战八千里，经过多少风云人生。表达了岳飞理想与现实发生尖锐激烈矛盾时的心情。

在大殿内，正中端坐着岳飞坐像，红缨帅盔，紫袍金甲，足履武靴，其神态英武逼人，但仔细端详，这英武神态中隐有一丝抹不去的苦思与忧戚。是决战前的凝神，还是对百姓前程的焦虑？

据说这是我国唯一带有忧戚神态的岳飞塑像，这忧戚使岳飞元帅更加真切、亲近，难怪靖江人们对岳元帅留下了如此鲜明的记忆，而这些记忆经历了这么多年的风雨没有褪色，这本身就是一个奇迹。

在岳飞坐像上方，匾额上是岳飞的手书"还我河山"，笔势虎虎生风，坐像背面就是那有名的《满江红》。坐像两侧是岳飞八神将浮雕，岳云、牛皋等人栩栩如生，仿佛一直陪伴着岳元帅忧国忧民。

大殿的后殿为思岳轩，岳飞像碑位于正中，岳飞的朋友李纲和韩世忠手书的诗文石刻镶于外壁，回廊上岳飞手书的《前出师表》石刻铿然有声。再向前，"尽忠报国"四块石碑历经战火居然没有湮灭，现在仍嵌在庙门两边的墙壁上，这正应合岳元帅磨灭不了的爱国情怀。

穿过思岳轩，可看到岳庙大门上有后人书写的"岳庙"两字。出岳庙大门再往南行，就走到了当年父老乡亲挥泪送别岳飞的道路上，马铃叮当，铁甲摩擦的声音犹在耳边回荡。

岳元帅回临安后被以"莫须有"的罪名魂断风波亭。消息传到当时名为马驮沙的靖江，人们又纷纷走上了昔日送别元帅的桥上，遥望江南，泪雨纷飞，于是"望岳桥"又改名为"思岳桥"。

靖江的岳庙原为生祠，建于岳飞在世之时。闻名遐迩的岳飞故乡河南汤阴的岳庙、杭州西湖的岳庙，均在岳飞离世后兴建，因此，靖江的岳庙是天下最早的岳庙。

知识点滴

岳飞背上刺有"尽忠报国"，历史上确有其事。《宋史·岳飞传》有记载，当岳飞入狱之初，秦桧等密议让何铸审讯。岳飞义正词严，力陈抗金军功，爱国何罪之有？并当着何铸面"裂裳以背示铸，有'尽忠报国'四大字，深入肤里"。其浩然正气，令何铸汗颜词穷。"尽忠报国"为什么后来误传成了"精忠报国"？这很可能和宋高宗有关系。

岳飞在对抗金兵入侵的战斗中，立下了赫赫战功，为了表彰岳飞，当时的皇帝宋高宗御赐了"精忠岳飞"四个字给岳飞，并做成了一面写有"精忠岳飞"的旗帜。以后凡是岳飞出征的时候，都会带上这面写有"精忠岳飞"的大旗。到了明清以后，"尽忠报国"就被人们传为了"精忠报国"。

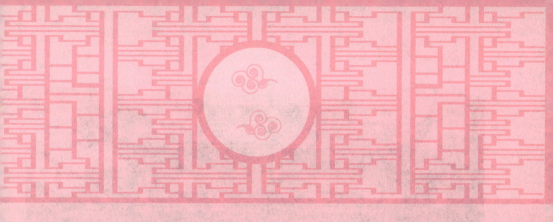

寄托敬仰的杭州岳王庙

1121年，人们为了纪念心目中的英雄岳飞，在西湖西北角的湖畔上建立了一座寺庙，供奉香火，名为"褒忠衍福禅寺"。明代天顺年

间，褒忠衍福禅寺改额"忠烈庙"，后来由于岳飞被追封为鄂王而称"岳王庙"。

杭州西湖岳王庙经历代迭经兴废，仅存的墓、庙为清代重建格局，大致分为忠烈庙、启忠祠、墓园三部分。

墓园坐西向东，忠烈祠和启忠祠坐北朝南。岳王庙大门，正对西湖五大水面之一的岳湖，墓庙与岳湖之间，高耸着"碧血丹心"石坊，寄托炎黄子孙对爱国英雄岳飞的敬仰之情。

进入岳王庙，头门是一座二层重檐建筑，巍峨庄严，正中悬挂"岳王庙"三字竖匾。继而是一个天井院落，中间是一条青石铺成的甬道，两旁古木参天。

甬道长22.88米，直通忠烈祠大殿。两侧分别是东庑和西庑，东庑是祭祀烈文侯张宪的，西庑是祭祀辅文侯牛皋的，可惜都已移作他用了。

　　忠烈祠是岳王庙的主体建筑，有门楼、正殿各一，配殿二。正殿为重檐歇山顶，殿前庭园空旷，古木萧森。正殿重檐间悬挂着一块"心昭天日"横匾，大殿正门两侧和内廊柱上，镌刻着许多楹联，表达了后世人们对爱国英雄岳飞的无比爱戴，以及对昏君和奸佞的无限愤怒。

　　正殿约400平方米，殿内正面是岳飞的坐像，高4.54米。只见岳飞头戴红缨帅盔，身着紫色蟒袍，臂露金甲，足登武靴，右手握拳，左手按剑，双目正视，态度严正，英气勃勃，斗志昂扬，令人肃然起敬。岳飞生前是无资格穿蟒袍的，因后封鄂王，所以身着蟒袍。

　　在坐像上端，悬挂着岳飞手书"还我河山"四字横匾，它是这位民族英雄毕生为之奋斗的目标。此时此刻，不禁令人想起当年岳飞和他高吟《满江红》的英雄气概。在"还我河山"横匾的左右两边各悬一块"碧血丹心"与"浩气长存"横匾，全部都是岳飞的手迹。

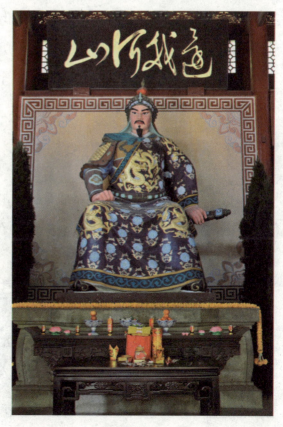

　　大殿后面的墙上绘有后世创作的八幅大型彩色壁画，忠实地记录了这位民族英雄气壮山河的一生。

　　第一幅是《勤奋学习》，描绘了岳飞自幼好

学，喜读《孙子兵法》等书，爱听历史英雄人物故事，少年时就能拉开300多宋斤的强弓。他先向陈广习武，后跟周侗学射，练就奋勇杀敌的本领。

第二幅是《岳母刺字》，描绘了岳飞早年丧父，全仗母亲抚育。靖康之变，金兵入侵，徽、钦二帝被俘，北宋灭亡。岳母送子参军，临行前，岳母为了让岳飞牢记爱国家、爱人民，在岳飞背上刺下了"尽忠报国"四字。

第三幅是《收复建康》，描述了1129年冬，敌人大举南侵，岳飞率部移驻宜兴。第二年春，岳飞从宜兴出击迎战，连战连胜，斩敌数千，缴物万件，一举收复建康。

第四幅是《联结河朔》，描绘并向我们传达岳飞注重团结抗金力量的方针。1132年，岳飞制定了联结河朔忠义民兵共同抗金的方针，各路民兵先后投归，成了"岳家军"的骨干和主体，在抗金战场上发

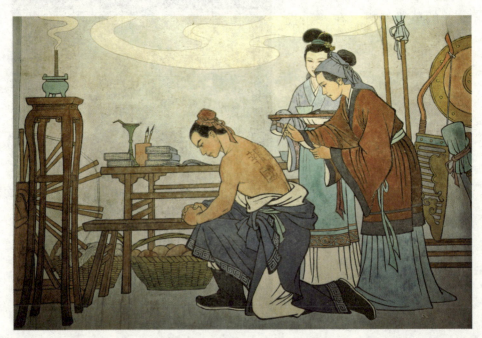

挥了重要作用。

第五幅是《还我河山》，讲的是1133年岳飞任江南西路舒蕲州制置使，从临安返江州途中，登高远眺，北望故土，激情满怀，无限感慨，写下了"还我河山"四字，抒发了驱逐金兵、收复失地的壮志。

第六幅是《郾城大捷》，描绘了1140年七月，金兀术调集精兵，以"拐子马"阵向郾城大举进攻。岳飞出城迎战，全军将士手持刀斧，冲入敌阵，上斩敌首，下砍马足，敌军大败，狼狈溃逃，"岳家军"乘胜追击，先锋部队直达朱仙镇，距汴京22.5千米。"岳家军"凯旋，百姓敲锣打鼓欢庆祝捷。

第七幅是《被迫班师》，画中描绘了在1140年岳飞北伐正取得重大胜利的时期，宋高宗赵构决定求和，与秦桧共同策划，一日内连下12道金牌，岳飞扼腕而泣，仰首悲叹"十年之功，毁于一旦"，被迫班师。归途中，中原父老遮道恸哭，诉苦拦师。

第八幅是《风波冤狱》，描绘宋高宗和秦桧在加紧求和的同时，阴谋陷害岳飞。他们收买叛徒，制造"谋反"证据，以"莫须有"之罪，诬陷岳飞下狱，将岳飞陷害于临安大理寺狱中的风波亭，酿成了千古奇冤。

大殿顶上的天花板，绘有"百鹤图"。图中300余只姿态不同的白鹤，飞翔于苍松翠柏之中，象征着岳飞的浩然正气和坚贞的性格。

正殿西面有一组庭园，入口处有精忠柏亭，这个仅剩半个的亭子，民间有喻意南宋只有半壁江山之说。亭内陈列八段柏树的化石，据传是生长在风波亭畔的一株大柏树。

岳飞在风波亭被害后，这株柏树也跟着枯萎，变为化石，僵而不倒达600余年。后人把这些化石聚集起来，建亭陈列，让它永远陪伴着岳飞的忠魂。

其实，这几段化石并不是南宋古柏，是一种松柏科植物的化石，

其年龄要比南宋古柏大得多，约在1.2亿年以上，古生物学上称为"硅化木"。如果细心观察，还会发现柏树化石都没有树皮，十分光滑。这些柏树化石在后世还留有一段传说呢！

相传太平天国起兵反抗清朝政府，攻入杭州后，不少士兵突然生起病来，由于请医无效，很快传染到全军。忠王李秀成十分着急，但又苦思无计，不觉伏案昏昏睡去。在朦胧中，一阵阴风过后，只见案前站着一位头戴金盔、身穿白袍的威武将军，只说了"若要兵将身痊愈，请上风波取树皮"两句话，用力一推，李秀成惊醒过来。

李秀成回忆梦中的场景，立即派人往风波亭取来树皮熬药，众将士喝了以后果然药到病除。不久，清军也得了同样的病，争先恐后地取来树皮熬药，结果当然是越喝病越重了。所以，老百姓高兴地说："是岳老爷又显圣了"。这些都反映了人们对岳飞的仰慕之心和怀念之情。

忠烈庙西侧旧为启忠祠，祭祀岳飞父母及其五子，分别为岳云、岳雷、岳霖、岳震、岳霆，以及五媳玉女银瓶。

庭园南北各有一条碑廊，共陈列了碑石125方。北廊是岳飞手书的墨迹刻石、奏折、表章等，最为著名的是《满江红·怒发冲冠》词和岳飞录写的前、后《出师表》等。

南廊为历代名人凭吊岳飞诗词和岳庙历次重修的历史文献。其中明代书画家文徵明尖锐地指出宋高宗是谋杀岳飞的主谋。

院落东面照壁上，有"尽忠报国"四个朱红大字，是明人洪珠所书。请注意这个国字恰恰少了一点，是当时南宋国土尚不完整，所以洪珠才故意漏写了这一点。另外，这"国"字也非错别字，它是我国书法艺术上一种为顾全言语字构架的常见写法。

庭园中间有一石桥，名为"精忠桥"，过精忠桥便是墓阙，造型古朴，是后来在重修时按南宋的建筑风格造的，墓阙边上有一口井，名"忠泉"。

进墓阙重门就是岳飞墓园，在忠烈祠的西侧，墓道两侧有石马石虎石羊各1对，石俑3对，正中便是岳飞墓，墓碑上刻着"宋岳鄂王墓"，左边是岳云墓，墓碑上刻着"宋继忠侯岳云墓"，两墓保持宋代的式样。

继忠侯是宋灵宗于南宋嘉定四年，即1211年追封的，恰逢岳云被害70周年，岳云是岳飞的长子，12岁随父参军，作战勇猛，数立奇功，勇冠三军，但是最终也和张宪一起被害杭州众安桥，年仅23岁。

墓道两旁陈列三对石刻翁仲和两组牺牲，这最早起源于周礼，说是要驱赶一种叫"方良"的动物，唯有种柏树和竖老虎才能达到目的。到了秦代有一位将军叫作阮翁仲，打仗所向无敌，人们为了借助他的勇猛用于守候墓地，所以墓地上才有了石翁仲。

民间还有种说法，马、羊、虎、狗分别表示忠、孝、节、义。岳

飞具备前三项，但因为他曾镇压过农民起义，故岳飞墓前缺少代表义的狗，看来是千秋功罪自有后人评说，而实际上封建礼制历来有森严的封建等级制度，岳飞墓地的石人石兽是完全符合宋代仪规的。

墓前还有一对望柱，上刻有一副对联：

正邪自古同冰炭，毁誉于今判伪真。

墓阙下有四个铁铸人像，反剪双手，面墓而跪，即陷害岳飞的秦桧、王氏、张俊、万俟卨4人。

每年的3月24日岳飞诞辰这天，岳飞的后裔和附近的百姓就会聚集在岳王庙，共同缅怀先烈的英魂。

后来，岳氏后裔向杭州岳王庙捐赠一尊紫砂岳飞塑像，塑像采用宜兴丁山黄龙山紫砂研制而成，型体高75厘米，宽73厘米，厚29厘米，重达约100多千克，伴随着岳飞常守在西子湖畔。

岳飞抗金救国的功绩是永存的，尤其是岳飞的爱国主义精神将千秋万代流传下去。

知识点滴

　　岳飞是历史上有名的孝子。岳飞把母亲姚氏接到军营中后，侍奉唯恐不周，每晚处理好军务，便到母亲处问安。当母亲生病时，岳飞亲尝汤药，跪送榻前，连走路都微声屏气而行，生恐吵扰了母亲的休息。凡遇率军出征，必先嘱咐妻子李娃，好好侍奉母亲。

　　岳母病故时，岳飞与长子岳云赤足亲扶灵柩近千里，自鄂州归葬于江州庐山。岳飞认为："若内不能克事亲之道，外岂复有爱主之忠？"可见他的孝心。

河南开封朱仙镇的岳王庙

在我国南宋时期的1140年，屡建奇功的岳飞为了抵御敌军，率领"岳家军"北伐。宋高宗授岳飞为河南河北诸路招讨使，加太保衔，并告诉岳飞："卿在前方专心打仗，我不会干涉军务。"

"岳家军"很快到达河南郾城。岳飞率轻骑驻郾城，命令各将领分兵出击敌兵，诸将相继告捷。

敌军主帅是金兀术，他是金太祖完颜阿骨打的第四子，

名完颜宗弼，足智多谋，骁勇善战。这次他率军南下，本想一举灭掉南宋，谁知遇到"岳家军"，自己连吃败仗。金兀术与诸将商议，以大军进逼郾城，直接与岳飞决战。

南宋朝廷听到消息后非常害怕，要岳飞不要轻易出战。岳飞却看出了金兀术色厉内荏的本质，说："他们这次已经没办法了！"于是，命令士兵出战骂阵。金兀术被激怒了，指挥大军向"岳家军"冲来。

岳飞命其子岳云率骑兵冲入敌阵，并说："如不打胜仗，先将你斩首！"岳云是岳飞的长子，跟随岳飞南征北战多年，战斗中他手握两支80宋斤重的大铁锤，身先士卒，奋勇杀敌，屡立战功。岳云领兵冲入敌阵，一败敌军。

金兀术手下有一支精锐部队，名叫"拐子马"。这些骑兵的战马都披上重重的铠甲，每三匹马用绳索相连，作战时横冲直撞、势不可挡，宋军多次吃到"拐子马"的亏。

　　但岳飞对此早有研究，胸中自有对付"拐子马"的良策。他命士兵徒步冲入敌阵，不要抬头，只用刀砍马足，砍倒一匹马，与之相联的两匹马也动不了，笨重的铠甲和绳索反而成了累赘，这些"拐子马"很快失去战斗力，全军覆没。

　　金兀术见"拐子马"覆灭，忍不住痛哭流涕地说："自我起兵多年，全凭'拐子马'冲锋陷阵，战无不胜，这下全完了！"他又亲率军队前来复仇，岳飞奋勇当先，带领40骑冲入敌阵，再次大败敌军，金兀术只得败退而走。

　　郾城大捷以后，岳飞判断金兀术不甘失败，必定回兵向北攻打已占领颍昌的岳飞部将王贵，急命岳云率军火速支援王贵，奔赴颍昌。岳云到了颍昌不久，金兀术果然到了那里，王贵与岳云合力迎战。

　　岳云率800骑兵冲在最前面，两翼的步兵从左右两边掩杀过去，一场血战过后，"岳家军"又获大胜，并杀死了金兀术的女婿夏金吾和副将粘罕索勃堇，金兀术又大败逃走。岳飞领兵乘胜追击。

金兀术逃至离汴京45里的朱仙镇后，为了阻挡"岳家军"的追击，构筑了防守汴京的最后一道防线。

岳飞领兵赶到朱仙镇，不给金兀术以喘息的机会，派将领率北嵬军，即岳飞的亲兵部队向敌军冲。在这次战斗中，"岳家军"个个奋勇争先，大败敌军。正如《云麓漫钞》记载：

> 韩、岳兵尤精，常时于军中角其勇健者，别置亲随军，谓之背嵬，一入背嵬，诸军统制而下，与之亢礼，犒赏异常，勇健无比，凡有坚敌，遣背嵬军，无有不破者。

金兀术狼狈逃往汴京。郾城、颍昌、朱仙镇的三战三捷，让"岳家军"击溃了金兀术所率的军队主力，岳家军威名远扬、声威大震。

当时宋使洪皓在家书称："顺昌之败，岳帅之来，此间震恐。"

宋高宗得知朱仙镇等大捷后，为了求和，竟然在一日之内连发12道金牌，诏令岳飞班师回朝。

岳飞精韬略，善运筹，博采众谋，团结民众，行师用兵善谋机变，作战指挥机智灵活，不拘常法，强调运用之妙，存乎一心。他严于治军，重视选将，信赏明罚，爱护士卒。其军以"冻死不拆屋，饿死不掳掠"著称，常能以少胜众，敌军叹称："撼山易，撼岳家军难！"

明成化年间的1470年9月，人们为了纪念岳飞，就在他生前最后一次战役的所在地，即朱仙镇建立起一座岳王庙。

朱仙镇岳王庙占地1.8万平方米，坐北朝南，外廊呈长方形，三进院落。经明、清两代的多次整修和重建，整个殿堂恢宏庄严，碑亭林立，刻绘塑铸，丰富多彩。据《祥符县志》引明成化年间的碑记云：

集岳庙始建于鄂，再建杭，三建于汤阴，今建于梁城南之朱仙镇。在鄂者王开国地；王冤白时，已建于杭者王墓存焉；在汤阴者王田之邦；而朱仙镇者王之功于杭者王墓存焉；在汤阴者王者也。

朱仙镇岳飞庙曾吸引了于谦、清乾隆皇帝等历史名人到此祭奠并留墨。它与汤阴、武昌和杭州岳飞庙统一称为全国四大岳飞庙，享誉中外。

朱仙镇岳飞庙原殿前有楹联曰：

若斯里朱仙不苑，知当日金牌北召，三字含冤，定击碎你这极恶滔天黑心宰相；

即比邻关圣犹生，见此间铁骑南旋，万民哭留，必保全我那尽忠报国赤胆将军。

朱仙镇岳王庙在后来还进行过多次修葺，已修复山门、门前照壁和"五奸跪忠"铸像。庙内以碑碣最为有名，有《道紫崖张先生北伐》、《满江红·怒发冲冠》等碑，字体苍劲奔放，为碑中上品。

知识点滴

岳飞在军中一直都有"勇冠三军"的威名，相传岳飞可以"挽弓三百斤，弩八石，能左右射"。岳飞曾经在与敌人作战时，杀敌将黑风大王。

后来，敌人王善、曹成聚集兵马，号称50万，岳飞部下只有800人，手下士兵都十分害怕。这时岳飞却十分镇定，说："我给大家破了他。"然后左手拉着弓，右手拿着矛，冲击敌阵，结果王善部大乱，岳飞乘势大败敌军。

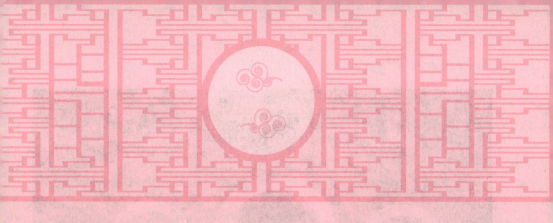

岳飞家乡汤阴的岳王庙

岳飞出生于河南安阳汤阴，20岁从军，率军抗击金兵，六战六捷，让金兵心惊胆寒。后来被投降派以"莫须有"的罪名杀害于杭

州。家乡人民对岳飞寄予了无限的敬仰之情，就在安阳汤阴为岳飞建立了一座祠堂，称为"精忠庙"，也称"宋岳忠武王庙"，但是人们更加喜欢将之称为"岳王庙"。

安阳汤阴岳王庙坐北朝南，外廊呈长方形。临街大门为精忠坊，是一座建造精美的木结构牌楼，斗拱形制九踩四昂重翘。

精忠坊之正中阳镌有明孝宗朱祐樘赐额"宋岳忠武王庙"。两侧"八"字墙上用青石碣分别阳刻"忠"、"孝"两个大字，为明万历年间彰德府推官张应登所题，字高1.8米，遒劲端庄，格外醒目。

穿过精忠坊，便见山门前并排跪着五个铁像，是秦桧、王氏、万俟卨、张俊和王俊。五个跪像铸于明正德年间，均是蓬首垢面，袒胸露脐，反缚双手，面目可憎。人们痛恨这五个背叛民族，陷害忠良的奸佞，将他们铸成铁像，长跪岳飞庙阶下，面皆朝北，与大殿中的岳飞塑像面面相对。

山门对面，五个跪像之后，是施全祠。施全祠明柱上的楹联是：

蓬头垢面跪阶前，想想当年宰相；

端冕垂旒临座上，看看今日将军。

这幅对联充分表达了人们的爱与恨，敬与憎。山门坐北朝南，三开间式建筑，两侧扇形壁镶嵌有滚龙戏水浮雕，门前一对石狮分踞左右，古朴庄严。

山门檐下一排巨匾，上书"尽忠报国""浩然正气""庙食千秋"三块巨匾，是书法家舒同、楚图南、肖劳的手迹。明柱上嵌有魏巍撰写的楹联：

存巍然正气；壮故乡山河。

施全祠面阔三间，内悬"宋义烈将军施全祠"横匾。后壁上镶嵌着"尽忠报国"四个1.6米见方的朱红石刻大字。

后来又铸施全铜像于内，施全身着铠甲，手举利剑，怒目握拳，对祠前秦桧等奸党呈镇压之势。施全像左侧，为宋义士隗顺像。

在山门内有道仪门，是1825年经过重修之后保存下来的。仪门有三拱，中门两侧置有抱鼓。仪门前两道高大的碑墙把这里辟为东西两个小院，这里古柏苍劲，碑碣林立，东有肃瞻亭，西有觐光亭。

院中各有亭子一座，东面曰"肃瞻"，西面曰"觐光"。在林立的碑刻中，有明清帝王谒庙诗篇，有明代重修扩建古庙胜迹的纪实，更多的是历代文人学士颂扬英雄的诗词歌赋。历代诗词歌赋石刻尚存近200块。

穿过御碑亭，便是岳庙的主体建筑正殿。该殿面阔五间18.30米，进深三间11.60米，斗拱型制为五踩重翘重昂，硬山式建筑，高10米。总体来看体态稳重，气势恢宏。

殿门楣上悬有五块巨匾，分别是"乃武乃文""故乡俎豆""忠灵示泯""百战精威""乾坤正气"。其中"百战神威"和"忠灵未泯"为清帝光绪和太后慈禧所题。

正殿中央为岳飞彩塑坐像，高丈余，英武魁伟，正气凛凛。岳飞塑像上方所嵌草书"还我河山"贴金匾额为岳飞所书，其字雄浑激昂，洋溢着岳飞对收复失地的壮志豪情。坐像两侧镶嵌中国人民解放军张爱萍将军题写的楹联。

正殿的四周墙上，悬挂着许多著名书画家颂扬岳飞的书画墨宝。大殿两侧的东西庑中，为岳飞史迹陈列室。

在正殿的西北隅，是岳飞生前的部将祠，祠中立有牛皋、杨再兴等岳飞的一批得力部将塑像，生动地再现了他们生前的英武形象。

张宪祠面阔三间，内塑张宪持枪戎装像，壁间陈列有张宪生平事迹简介和表现其"陈州大捷""陈词斥奸"的版面。

岳珂祠位于正殿东北隅，面阔三间。祠内有岳飞孙子、岳霖第三子岳珂塑像。壁间陈列有岳珂的著作部分章节、生平简介及展现其著书辩诬的版面。

　　五贤祠祠内有周同、宗泽、韩世忠及其夫人梁红玉、何铸的塑像，他们或师或友，或仗义执言，都是岳飞一生经历中的重要人物。

　　在大殿的后院，是寝殿、岳云祠、四子祠、岳珂祠、孝娥祠、三代祠等。寝殿面阔五间，进深两间。殿内原塑有岳飞和夫人李氏的塑像，在后来进行修复时，内增塑"岳母刺字"组塑而改为贤母祠。

　　贤母祠内四周壁间镶嵌有岳飞手书"出师表""满江红""墨庄""还我河山""宝刀歌"等碑刻及后人歌颂岳飞书法赞词碑碣近70块。

　　寝殿上方悬有著名书法家商向前、沈鹏等题写的匾额和魏传统的楹联，内陈列着著名的书法珍品《出师表》石刻，有刻石140余方。

　　在贤母祠前东庑是岳云祠，面阔三间。祠内有岳云手握双锤戎装披挂塑像。壁间有岳云生平事迹简介和反映岳云攻占随州、大战颍昌的版面陈列。

　　贤母祠西庑是四子祠，面阔三间。祠内有岳飞次子岳雷、三子岳霖、四子岳震、五子岳霆塑像，两侧壁间挂有四子木刻像、简介及岳霖为父兄昭雪的记事。

贤母祠西北隅是孝娥祠，面阔三间。祠前有卷棚抱厦，祠内有岳飞之女孝娥蜡像。

孝娥原名岳银瓶，是岳飞的小女儿，性情刚烈，听闻父亲遇害之后，就想要奔赴朝廷进行申辩，但是因为受到阻碍而没有取得半点儿结果，于是抱着银瓶投井而死，人称"银瓶小姐"，又因其死于父难，后人称为"孝娥"。

三代祠位于岳飞庙的东北隅，是一独立庭院。主殿面阔三间，进深两间。祠内供奉岳飞曾祖父母、祖父母和父母三代的牌位。岳飞的曾祖父叫岳成，曾祖母杨氏；祖父叫岳立，祖母许氏；父亲叫岳和，母亲姚氏。

在我国乃至于全天下，岳飞都是一位彪炳千秋的民族英雄，他那同仇敌忾、"精忠报国"的故事世代相传。而岳飞家乡汤阴的岳王庙，为世人展现了他的重要的历史功绩。

知识点滴

岳飞虽是武将，但他文采横溢，有儒将风范。他的文才自不必说，数十首诗词足以说明。他爱好读书，书法颇佳，时人称"室有邺架""字尚苏体"。他还喜欢与士子文人交往，"往来皆高士"他是寂寞英雄，满腔抱负，无人赏识，"欲将心事付瑶琴"，却无奈，"知音少，弦断有谁听？"他写的《小重山》不似《满江红》那样豪情万丈，可却是借琴弦抒发着心中无言的呐喊。

岳飞的一生，为南宋抗金，浴血沙场，赤胆忠心，不为功名，只希望可以得遇明君，慰藉平生寂寥。

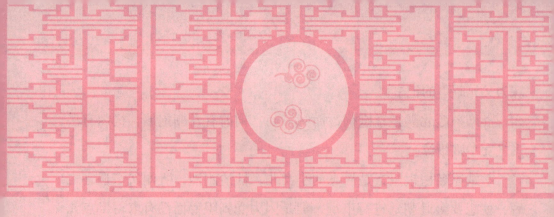

赣西九岭山宜丰的岳王庙

那是在1130年左右，岳飞偕长子岳云率"岳家军"数度转战于江西西部北九岭山脉南麓的宜丰，征伐金兵将领补颜铁木尔、马进等。

岳飞把军队驻扎在仅距宜丰东门500米处。

宜丰东门有一座建于当时的楼阁，称为"宝书楼"。楼阁高15米，宽11.4米，是石木结构的两层重檐楼阁，楼有前后两进，前厅有四个石头圆柱支撑牌坊，内厅有四方石柱支起木楼。

在当时，岳飞经常利用歇战间隙带着岳云及亲信

巡视乡村，体察民情。有一天在巡视的过程中，岳飞忽然看到不远处的一座民房前，一位老妇正抱着一个昏死过去的六七岁的男孩呼天号哭，忙上前查看原委。

原来，此地连年遭敌骚扰，田地多半荒芜，加上这一年遭受干旱，所种有限的一点庄稼几乎绝收，众多百姓忍受饥荒，靠啃树皮、吃观音土等充饥。

这对相依为命的祖孙俩已经两天粒米未进，好心的邻居大婶见这孩子饿得可怜，便省下一个小饭团拿给孩子。懂事的孩子谢过大婶之后，转身回家执意将饭团让给奶奶吃，奶奶不接受，祖孙俩就这么相互推让，谁也不肯吃，不久体弱的小男孩饿晕了过去，右手还紧紧握着这个小饭团。

岳飞听了祖孙俩的遭遇，既感动更痛心，立即命随从从帐营里端出稀饭给祖孙二人充饥，并送给她家一袋粮食。

岳飞想到还有这么多黎民百姓忍受着饥饿的煎熬，而军中粮食也朝不保夕，便遣岳云即刻赶往洪州运来大批粮米，在宝书楼附近架起大锅，煮粥给广大饥民充饥救急。

随后，岳飞又命令官兵利用战余时间带动和帮助百姓挑水补种秋粮，使当地渡过了饥荒难关。获得收成的当地百姓也自发在宝书楼施粥劳军，以报答岳家军在饥荒时期的救难之恩，于是宝书楼便被当地百姓改称为"施粥亭"。

后来，宜丰人们为了怀念岳家父子为新昌"御灾捍患"的功德，就在县城立岳王庙以祀之。

宜丰岳王庙原坐落在宜丰县城东郊，始建于南宋，1508年首次重修，1529年夏又重修，1670年再次重修。

重修之后宜丰岳王庙为砖木结构，前有门厅，中有广坪，两侧有环廊，后栋五间。大厅宽15米，总长39米，宽32米，面积1248平方米。

宜丰岳王庙为红墙绿瓦仿古建筑，庙门立有石狮一对，庙内有精忠祠，前置石马两座、石人像四座，石狮、石像均为明代天启年间之物。中场辟有放生池。规模较旧庙更为宏大。进入庙门，为一大影壁，上面书刻着岳飞的诗词《题骐马岗》。诗曰：

立马林岗豁战眸，阵云开处一溪流。

机春水溢犹传晋，黍秀宫庭孰悯周。

南服只今歼小丑，北辕何日返神州。

誓将七尺酬明圣，怒指天涯泪不收。

　　骤马岗是江西一地名。清光绪年间刻本《江西通志》卷50《山川略》云："宋绍兴间，岳飞讨贼饮马于此。" 此诗岳飞自题"四都碓上追曹成至此感吟"。"碓上"在宜丰桥西乡湾里村附近，此处有一蓝将军庙，祀岳飞的裨将蓝公。

　　相传这位蓝将军是岳飞裨将，绍兴初年岳飞追曹成来到四都时，蓝将军手执令旗擂鼓督战，突然对方射来一箭，正中蓝将军心窝。

　　蓝将军为鼓舞士气，忍着剧痛，擂鼓不息，至死立尸于田间不

倒。百姓挥泪感戴建大庙奉祀他，民间并流传有"企石将军"的故事。

蓝将军庙后有一冈，叫战马冈，岳飞有感于蓝将军誓死杀敌的精神，在此地题诗一首。宜丰岳王庙在岳飞塑像左边塑有岳云像，右边则塑有中矢不倒的蓝将军像。

宜丰岳王庙放生池前，有一神奇的乌青石，炎暑时坐其上浑身凉爽。此石原在县城桂花村楼子上之龙须庙，形如鹅蛋，长1米余，传说岳飞曾坐憩其上。又传说该石是许真君镇龙时用的压水石。

此外，在岳飞庙中还有明正德年间云南按察司佥事、邑人陈怀经所撰《新昌县新建宋岳鄂武穆王庙之碑记》、新昌教喻姚世所撰《重建岳王庙上梁文》碑刻各一块，异常珍贵。

岳飞在转战宜丰期间，在藤桥、桥西进行了两次大的战斗，这里一直都留有施粥亭、蓝将军庙、聚马岗、点兵坳、马踏石等近十处岳家军遗迹，民间流传着许多岳飞赈灾济困、安抚百姓的善举轶事。

在宜丰大姑岭大姑庙附近的小道旁，完好地保存着一块留有一道深陷马蹄状痕的花岗岩石。据传，这是岳飞率部转战宜丰期间，因其坐骑青龙驹受惊左蹄蹬石而留下的痕迹。

相传有一天，一路追剿敌军的"岳家军"行至大姑岭大姑庙附近时，已是傍晚时分。由于这一带地势险要，地形不熟，岳飞下令就地安营扎寨。

晚饭过后，岳飞顾不得一路行军劳顿，带上岳云和几名亲信，步行到附近几户老表家中打探地势情况，了解百姓生活。

饱受金兵侵扰之苦的当地老表对岳家军大名早有所闻，又亲感岳元帅平易近人，治军严明，对百姓财产秋毫无犯，便将当地山形路况及所了解到的金兵活动习惯等情况和盘托出。

辞别百姓出来，岳飞跨上亲兵牵来的爱马青龙驹继续前行，一面实地察看地形，一面思索破敌之计。

此时，一轮满月已高高挂起，抬眼望去，远山、近树、岩石、涧流，无不沐浴在皎洁的月光下，间闻溪水潺潺，偶听百鸟惊起，好一幅美妙幽静的山涧夜景图。然而，岳飞哪有心情赏景！想到大好河山被金军侵犯，黎民百姓遭金兵蹂躏，而自己身负抗金重任，几天来却破敌不力。想到这，岳飞禁不住仰天一声长叹，两腿下意识用力一夹马背。青龙驹以为主人要冲锋陷阵，便一声长嘶，两前腿一跃而起，不想此时马的左后掌偏偏踩在了一块圆滑的石块上未立稳脚，一受惊失去平衡，整个身子向左边山坎倾去。

说时迟，那时快！从思索中猛然惊醒的岳飞往右下用力一勒缰绳，机警聪明的青龙驹就势奋力踩下前腿，左前蹄重重地蹬在了路旁一块凸起的花岗岩石上，只听得"呼"地一声，顿见石块上火光四溅，青龙驹由此稳住了身子，却把一旁的随从人员，还有悄悄尾随目送岳元帅的几位百姓惊出了一身冷汗。

次日清晨，等到百姓们来看望岳元帅时，发现"岳家军"早已拔营前行。人们发现，头天晚上青龙驹失蹄之处的花岗岩石上，留下了一道深陷的马踏痕，惊叹不已。

知识点滴

　　岳飞不仅乐善好施，而且还经常化私为公，用自己的私家财产去补助军用。有一次，岳飞命令部下将自己家"宅库"里的所有物品，除了皇帝"宣赐金器"外，全部变卖，交付军匠，造良弓2000张以供军用。据史书记载："岳飞乐施疏财，不殖资产，不计生事有无。所得锡赉，率以激犒将士，兵食不给，则资粮于私廪"。

　　岳飞不但用自己的行动引导众人的价值观，还提出"文臣不爱钱,武将不惜命"的著名口号,希望能够改变当时爱钱贪财这一社会陋习。